premium

策略 ブラック保護者・職員室対応術

中村 健一 著

明治図書

はじめに

前作『策略―ブラック学級づくり　子どもの心を奪う！クラス担任術』（明治図書）が売れた。驚くほど売れた。

店頭発売日前に重版決定という快挙を成し遂げた。発売わずか3ヶ月で5刷、7000部という驚きの売れ行きだ。

この本の担当編集者・佐藤智恵氏から、続編の依頼があった。編集者としては、当然のことだろう。

しかし、私は正直、気乗りがしなかった。1冊目がヒットしたからといって、2匹目のドジョウを狙うのは格好悪すぎる。そもそも、こういう形で出された2冊目が1冊目を超えた試しはない。若い私なら、絶対に断っていただろう。

それでも、歳取った私は、こう思う。「確かに1冊目の効果で、2冊目も少しは売れるだろうな」と（笑）。だから、こうやってこの本を書いているのだ。

A・今から新しい企画を立て、全く新しいタイプの本を出す。

B・すでに売れた『ブラック学級づくり』と同じ企画で、同じようなタイプの本を出す。


読者なら、どちらを選ぶだろうか？

Aの本をつくるのには、かなりのエネルギーが必要だ。また、売れるかどうか？　失敗の可能性も高い。リスクが大きい。

Bの本をつくる方が、労力は少なくて済む。また、ある程度の売れ行きは期待できる。リスクは少ない。

歳取った私は、Bを選択する。これは、教室でも同じである。私は、

失敗の可能性が少ない実践を行うように心がけている

のだ。しかも、それが少ない労力で効果のある実践なら言うことはない。

挑戦的な実践は面白い。しかし、失敗のリスクが高い。だから、私は「普通」にこだわる。

「普通」の学級をつくり、「普通」の授業を成り立たせる。これが「普通」の教師である私のささやかな願いだ。

いや、「ささやか」ではないな。「普通」の学級がつくれず、「普通」の授業が成り立たず、つまりは学級崩壊で苦しんでいる仲間は多いのだから。

多くの学級崩壊を目の当たりにしてきた。子ども、保護者に辞めさせられた同僚、仲間も多い。

そんな厳しい現場で「普通」のクラスを成り立たせることができれば、十分である。

> 1年間、クラスを壊すことなく、自分が壊れることもなく、平穏無事に過ごせれば、それだけで幸せなことだ。

心から、そう思う。

教師は誠実である。誠実だから、教師になったのだ。誠実でない人は、教師に向かない。

我々教師は、誠実であるという特性を誇るべきである。しかし、誠実さだけでは、厳しい現場は勝ち抜けない。
誠実さや熱意なんてキレイごとだけでは、ダメなのだ。

野球に喩えるなら、直球勝負だけではダメだと言うことだ。時には「逃げ」の変化球を使う。振り逃げなんていう「せこい」手も使う。隠し球なんていう「汚い」手も使う。どんな手を使ってでも、プロである教師は結果を出すことが大事なのだ。

教師は腹に黒い「策略」を持つべきである。そうでなければ、「普通」の学級すら成り立たせることはできない。

私はいろいろな著作で「全ての教師の味方だ」と公言している。全ての仲間の教師にこの言葉を捧げる。

厳しい現場を生き抜くために、「黒くなれ！」

「腹黒教師」中村　健一

もくじ

第2章　職員室で威力絶大！大人の根回し仕事術

★

第1章

保護者が「いい先生！」と言わずにはいられなくなる教師術

保護者対応抜きに，学級づくりは語れない。逆にココさえうまくやれば，教師生活，成功だ。おいしく，うまくのりきる処世術を教えよう。

「教師はアリ、保護者はゾウ」と、あきらめよ

第1章では、前作『策略―ブラック学級づくり　子どもの心を奪う！クラス担任術』で書けなかった保護者に対する「策略」について述べる。

本当は『ブラック学級づくり』の中でも、保護者について述べたかった。なぜなら、

保護者を味方につけなければ、学級は成り立たない

からである。

保護者対応の話抜きでは、学級づくりについて述べることはできない。しかし、前作では、ページ数の関係で泣く泣く断念したのだ。

我々教師が一番心を痛めているのが、保護者対応だという事実を忘れてはならない。
逆に言えば、保護者対応さえうまくいけば、そんなに心を痛めなくて済む。

ここ10年、私の周りでは、教育委員会に訴えられる同僚が増えた。最近の保護者は「学習」している。どうしたら教師が嫌がるか良く知っているのだ。

だから、担任に直接文句を言わない。いきなり校長に文句を言う。いきなり教育委員会に文句を言う。そういう「学習」をした保護者が多い。

また、今は学校の力が断然弱い。保護者の力は、圧倒的に強い。教師と保護者の力の差は、天と地ほどの開きがある。

たとえば、教育評論家の尾木直樹氏（通称・尾木ママ）は、次のように言っている。

かつて、教師が〝聖職者〟のように尊敬されていた時代には「学校が子どもを人質にとっている」ような感覚がありました。要するに、子どもを預けているのだから、学校や先生のことは悪く言えないと、保護者側が我慢するような風潮があったのです。（中略）しかし、現在はまた違ったタイプのガンになっています。教師から見れば、「親が子どもを人質にとっている」のにも似た状態になっているからです。

（『バカ親って言うな！　―モンスターペアレントの謎』角川書店18ページより引用）

これ、その通り。昔は教師の方が力が強かった。だから、教師が保護者に、

「そんなことしたら、学校に来させませんよ」

と言えた。しかし、今は保護者の方が圧倒的に力が強い。だから、保護者に、

「そんなことしたら、学校に行かせませんよ」

と言われてしまう。不登校になると困るので、教師は保護者の要求を飲まざるを得ないのである。そんな圧倒的な力の差を教師は理解しているだろうか？

アリほどの力しかない教師が、ゾウほどの力を持った保護者と戦うなんて、絶対に無理な話だ。

だから、私は保護者とは、絶対に戦わない。たとえば、電話をして、「最近、忘れ物が多いですけど」「最近、授業態度が悪いんですけど」なんてことは、絶対に言わない。子どもが少々悪いことをしても、できるだけ保護者には苦情を言わなくて済むようにする。

それなのに、ちょっとしたことでも保護者に苦情を言うチャレンジャー教師が多い。彼ら彼女らは、教師と保護者の圧倒的な力の差を知っているのだろうか。

また、我々教師は、その子の教育に関われるのは、1年間限定である。プロである教師は、その限界を知るべきだ。

どんなに子どもがかわいくても、その子の一生には関わり続けられない。

我々教師は、パートタイムの教育者なのだ。
子どもの一生に責任を持つ親にかなうはずがない。

影響力のある保護者は「ひいき」せよ

新しいクラスを持って、初めて教室の前に立った時、「このクラスは、この子とこの子を味方につけておけば大丈夫だな」と感じることが多い。これは、事前の情報がなくてもすぐ分かる。私ぐらいのベテランになると、「教師の勘」が働く。どのクラスにも、キーパーソンとなる子がいるものだ。当然、その子に対する対応は、手厚いものになる。手の内に入れようと、あの手この手を尽くす。

どの子も「平等に」なんてキレイごとばかりは言っていられない。どの子に力を入れれば学級が成り立つのか？「策略」を持つことは大切だ。

それと同じで、最近は、保護者についても、
「このクラスは、この保護者とこの保護者を味方につけておけば大丈夫だな」
と考えるようになった。どのクラスにも、影響力のある保護者はいるものだ。その保護者は味方にしないとマズイ。

敵に回してしまっては、最後である。あっという間に、保護者の多数が教師の敵になってしまう。そして、学級懇談会では、多数派の保護者から集中砲火を浴びることになる。この時、どんなにその教師の味方であっても、少数派の保護者は助けてはくれない。

逆に、多数派の支持を取りつけておけば、大丈夫だ。敵になってしまった保護者も少数派なら、学級懇談会では発言しない。

いかに多数派の支持を得て、信頼を勝ち得ておくかが大切なのだ。
そのためには、影響力のある保護者の支持が欠かせない。

では、どうやって影響力のある保護者を見つけるか？

これは、事前の情報が欠かせない。もちろん、学級懇談会などで、キーパーソンが分か

ることもある。しかし、大人は子どもほど単純ではない。学級懇談会では目立たない「陰のボス」のような存在の保護者もいる。そこで、前の学年の担任たちから積極的に情報を得ておくことが重要だ。それが唯一の方法だと言っていいだろう。

キーパーソンが分かれば、その保護者への対応は、当然、手厚いものになる。これも、

どの保護者も「平等に」なんてキレイごとばかりは言っていられない。キーパーソンとなる保護者には、気に入ってもらえるように、様々な手を尽くして対応することになる。

ちなみに、内閣総理大臣だって、支持率１００パーセントなんてことはない。過半数の50パーセント以上の支持があれば、内閣は安泰だ。

今時の教師も支持率１００パーセントなんてあり得ない。

支持率１００パーセントはないと割り切って、多数派工作を行う必要がある。

そのためには、影響力のある保護者の協力が欠かせないのだ。

また、他の保護者への影響力はなくても、問題の保護者はいるものだ。些細なことでもすぐに学校に抗議に来る保護者がいる。教育委員会にしょっちゅう電話をする保護者がいる。そういう保護者の情報は、意識しなくても自然と耳に入ってくる。いわゆる「有名人」だからだ。

その保護者への対応も、手厚いものになる。これは当然のことだろう。

これからの教師は、

どの保護者に手厚く対応するか？と「策略」を巡らせる必要がある

と言える。

保護者対応にも「策略」を持たなければ、学級は成り立たないのだ。

「最初」に好かれれば、後は勝手に良い風に解釈してくれる

10年ぐらい前、学校イチの「有名人」の保護者の担任をしたことがある。少々長くなるが、読者の参考になるエピソードだと思うので紹介する。

「有名人」を担任することが決まって、私はすぐに今まで担任した教師たちから情報を集めた。

集めた情報から判断するに、この保護者の性格は非常にシンプル。

自分の子どもが褒められると、すごく嬉しそうにする。逆に少しでも悪いことを言われると、逆ギレして担任攻撃に出る。

分かりやすい性格だ。ある意味「かわいい」。

まずは、「かわいい」保護者だと自分に言い聞かせる。

教師は絶対に、保護者のことを嫌いになってはいけない。
自分のことを嫌いな人間のことは、好きになれないものだ。
教師が保護者を嫌えば、必ず保護者も教師を嫌いになる。

保護者は、お客さんである。馬が合おうが合うまいが、関係ない。私はプロ意識を持って、全ての保護者を好きになるようにしている。

この保護者の性格がシンプルだと分かったので、私の「策略」もシンプルなものにする。

とにかく「有名人」の子・Aくんの良い所をたくさん見つける。そして、それを保護者に伝える。その時、お母さんも褒める。「お母さんも」がポイントだ。

また、Aくんには、できるだけ悪いことをさせないように「予防」しまくる。悪いことをしても、できるだけ保護者には伝えないようにする。

こんな「策略」を練って、新学期を迎えた。

「有名人」との出会いは強烈だった。始業式の朝から、校長に電話がかかる。

「新しい担任と代わってくれ。話しておきたいことがあるから」とのことだ。

校長もさすがに「担任発表がまだなので、電話に出すことはできません。その代わり、始業式が終わったら、すぐに電話させますので」と断った。

始業式が終わり、講堂から教室に子どもたちを送り出すと同時に、私は校長室へ走った。すると、校長と教頭が待っていた。「いつも電話が長くなる。中村先生も教室があるでしょうから、長くなりそうなら我々が代わります」と言われた。

そして、校長がすぐに電話番号を押してくれた。電話番号を覚えているのだから、相当なものである。すぐに電話がつながった。私は、恐る恐る、次のように言った。

「Aさんのお宅でしょうか？　この度、Aくんの担任になりました中村健一です。よろしくお願いします」

私の「よろしくお願いします」を聞き終わることもなく、また「こちらこそ、よろしくお願いします」と返事がある訳でもなく、この保護者は言った。

「あんたが担任？　言っておきたいことがあるんだけど。」

私は努めて明るく、次のように言った。

「Aくんのことですね。今日初めて出会ったんですが、かわいいお子さんですね。ニッコリ笑って話してくれて、私もすごく嬉しくなりました。あんなかわいい子なら、お母さんも心配でしょう。お子さん思いの優しいお母さんですね。かわいいAくんたちが待ってますので、私はすぐに教室に行って来ます。電話はAくんたちが帰った後にかけさせていただきます。よろしいですか?」

Aくんを褒めたのが良かったのか、お母さんを褒めたのが良かったのか分からない。それでも、この保護者の声がハッキリと変わったのが分かった。

「分かりました。すぐに教室に行ってください。1年間よろしくお願いします。」

丁寧にこう言って、すぐに電話を切ってくださった。まずは、ホッとする。

子どもたちが帰った後、すぐに電話をした。しかし、

「わざわざ電話をくださって、ありがとうございます。ところで、何かありましたか?」

と言われたのには、さすがに驚いた。自分が「電話をしろ」と言ったことは、覚えていないようなのだ。そこで、私は次のような話をした。

「まだ1日目なんですが、Aくん、本当に良い子ですね。それをお伝えしたくて電話をさせていただきました。お忙しいのに申し訳ありません。今日も教科書を運んでくれる人を募ったら、すぐに手を挙げて運んでくれました。よく働く子ですね。私が『ありがとう』って言ったら、嬉しそうにしてくれました。あれだけかわいい子だったら、お母さん

もご心配でしょう。Ａくんにも『お母さんが心配してくださってたよ。優しいお母さんで良かったね』って言ったら、嬉しそうに笑ってました。素直なお子さんですね。」

「ありがとうございます。１年間どうぞよろしくお願いいたします。」

電話口だが、この保護者の嬉しそうな顔が見えるような声だった。

この後も、Ａくんの良い所をメモしまくった。この保護者から電話があれば、Ａくんの良い所を具体的に伝える。電話がない時には、私の方から電話して、Ａくんの良さを伝えたこともある。

そして、その時には必ず「心配してくださって、ありがとうございます。本当に優しいお母さんですね。Ａくんは幸せですね」と付け加えるのを忘れなかった。

全ての保護者にこんな手厚い対応ができる訳がない。
「有名人」だから特別なＶＩＰ待遇をしたのだ。
どんな手を使ってでも、「有名人」からは好かれないといけない。

気づけば、この保護者からは、ほとんど電話がかかることがなくなっていた。

そして、特に苦情の電話をいただくこともなく、無事1年間を過ごすことができた。
このエピソードのポイントは、やはり「最初」だろう。
始業式の後の電話、また4月の電話で、私はAくんと保護者を褒めた。褒めまくった。
お陰で、この保護者は、私に好意を持ってくださったのだと思う。

人間、最初にその人のことを好きになれば、後はどんなことをやっても、好意的に捉えてくれる。逆に、いったん嫌いになってしまえば、どんなことをやっても悪く捉えられてしまう。

「最初」の印象は、ものすごく大切なのだ。

「有名人」や影響力を持った保護者には、初対面から好かれる努力をしなければならない。

やはり、何事も「最初」が肝心なのである。

担任は「おいしい役」だけもらっとけ

学校イチの「有名人」の保護者を担任したエピソードを紹介した。

この保護者に対する「策略」は、見事に成功。それを私だけの手柄のように書いた。自慢話を苦々しく思った読者も多いことと思う。

しかし、この成功例、私だけの手柄ではない。

実は、管理職の協力も大きかったのだ。

この保護者は、お金を払わないことでも「有名人」だった。

給食費や学級費を一切払わない。請求されると、逆ギレする。そんな話は、他の学年を担任する私の耳にも入っていた。

ちなみに、給食費を払わないのは、いけないことである。それでも、生活が苦しく払えないのなら、まだ理解できないこともない。

しかし、この保護者は、就学援助制度を利用していた。たとえば、給食費は、全額振り込まれているはずである。それなのに、給食費を払わない。別のことに使ってしまっている。

私は、これは立派な犯罪だと思う。給食費として振り込まれたお金を別のことに使っているのだから、横領罪だ。絶対に許されることではない。

それなのに、保護者との関係を壊したくないから、私のような「バカ教師」が黙ってしまう。許してしまう。

だから、こういう使い込みが横行してしまうのだ。

これ、国として何とかならないか？　我々現場人が直接言うと、角が立つ。それをきっかけに保護者との関係が崩れ、クラスがにっちもさっちも行かなくなる可能性も高い。

文部科学省からトップダウンで、全国一律で取り締まれないものだろうか。この形なら、保護者も納得すると思う。

熱くなって語ってしまった。話を本題に戻そう。「有名人」に対する「策略」への管理職の協力である。

私はこの保護者を担任すると決まった時に、校長、教頭に次のように話した。

「引き受けてもいいですが、条件があります。私はこの保護者とは、絶対に対峙しないつもりです。言いにくいことは、教頭先生から言ってもらうことはできますか？　特に借金の取り立てなど、私は一切しません。お金の請求は、教頭先生からお願いします。それでよければ、お引き受けしてもいいのですが……。」

この協力を約束してもらったので、私は「有名人」の保護者の担任を引き受けたのだ。

この約束通り、私は、お金に関する話を全くしなかった。お金の話をするのは、全て教頭である。


「悪い役」は、教頭にやってもらう。

担任は「おいしい役」だけ担当し、保護者と良い関係を築くことだけに専念する。


こんな「策略」がうまくいったから、「有名人」と私の関係が良かったのだ。

この保護者は、前年まで毎日電話をかけてくる方だった。担任だけではない。教頭にも校長にも電話がかかる。

学校に来ることもしょっちゅうで、職員室や校長室に怒鳴り込んで来た。

しかも、電話も怒鳴り込みも、時間が長い。1回の対応で最低1時間。2~3時間取られることも多かった。よくもそれだけ話すことがあるものだと教職員一同、感心していたほどだ。

それでも、教頭に「悪い役」を担当してもらい、担任と良い関係をつくったことで、電話はなくなった。学校に来ることもなくなった。


「悪い役」を担当してもらうことは、心苦しい。

それでも、そのお陰で何時間ものロスがなくなったのだから、管理職にとっても良い「策略」だったはずだ。


担任は「おいしい役」だけもらっておけばよい。そして、保護者と良い関係を築くことだけに専念しよう。

そんな「策略」が、結局はみんなを幸せにするのである。

うるさい保護者は「ガス抜き」しておけ

これも10年ぐらい前、ほとんど毎日電話をしてくる保護者がいた。担任の私にだけではない。教育相談の先生にも、ほとんど毎日電話があった。

子どものことが心配で仕方のない保護者だった。子どもが少しでも気になることを言えば、ものすごく不安になる。そして、我慢できなくなって、電話をしてくる。

後で子どもに確かめてみると、本人はそんなに重たい話だとは思っていないのだが……。

毎日電話がかかってくるのだから、たまったものではない。しかも、感情的に思いつきで話すから、話がまとまらない。話はどんどん長くなる。

そこで、教育相談の先生と相談して、月に1回、その保護者と担任で個人懇談の時間を取ることにした。

すると、その保護者は安心したのか、毎日電話をかけてくることはなくなった。

たぶん、「次の個人懇談で相談できる」という安心感があったからだろう。

また、個人懇談までの時間がよいクールダウンの時間となったようにも思う。その保護者は、気になったことを取捨選択し、整理してから相談してくださるようになった。

それでも、月イチの個人懇談は、1時間以上かかった。

その保護者はたっぷりと話を聞いてもらえるので、とっても上機嫌だ。毎月、個人懇談の日が来るのを楽しみにしてくださっていた。

一方、私にとって個人懇談は、楽しみな時間ではなかった。私は正直、人の話を聞くのが好きではないからだ。しかも、2人きりで1時間以上は結構長い。しんどい時間ではある。しかし、

毎日電話をかけてこられるよりは、ずっといい。月に1回、我慢して「ガス抜き」をすることで、残りの日々は安心して暮らせる。

月1回の「ガス抜き」は、他の日々を安心して暮らすための「投資」のようなものであ

る。

毎日キツイよりは、月に1日だけキツイ方がずっといいではないか。

この保護者への対応が成功してから、私はこの「策略」をずっと使い続けている。毎日電話をしてくるような保護者がいれば、月イチの個人懇談を設けるようにしているのだ。

今のところ、どの保護者にも有効に機能している「策略」だ。

ただ、これも全ての保護者には、絶対に無理。毎日個人懇談で1時間も取られていたらたまらない。

また、多くの保護者は、そんな時間を望んではいない。月イチの個人懇談なんて面倒くさいと感じる人がほとんどである。

これも、やはり特別な保護者への特別な「策略」なのだ。

全ての保護者に同じ「策略」は通じない。

保護者によって「策略」を変えることが必要なのである。

「一部」のひいきが「全体」を救うのだ

私は大学では、法律ゼミに所属していた。だから、法律に詳しい。ものすごく詳しい。

私の法律の知識で、親友・土作彰氏を窮地から救ったこともあるほどだ。

ここまで、影響力のある保護者や「有名人」、うるさい保護者への対応について述べてきた。

特別な保護者への特別な「策略」についてである。

法律に詳しい私は、少々、心配になってきた。ひょっとしたら、日本国憲法を根拠に、ここまで書いてきたことに反論されるかも、と。

日本国憲法第15条の2項には、次のように書かれている。

すべて公務員は、全体の奉仕者であって、一部の奉仕者ではない。

我々教師も、当然、公務員である。「全体」の奉仕者であるのは間違いない。

私がここまで述べてきたような「一部」の特別な保護者だけに対する特別な対応に批判的な見方もあるだろう。しかし、

特別な保護者への特別な対応は、「全体」のためなのだ。

たとえば、影響力のある保護者の支持が得られず、保護者の多数が教師に背を向けてしまったらどうなるか?

クラスはうまく回らなくなり、学級崩壊してしまう可能性も高い。そうなってしまっては、子どもたちや保護者たち「全体」が不利益を受けることになる。

学級が崩壊してしまえば、子どもたちが荒れる。子どもたちはすさんだ感じになり、反抗的になる。授業が成り立たないから、学力もつかない。成績はどんどん下がる。子どもや保護者「全体」の不利益は明らかだ。

教室のリーダーである教師は、「全体」が利益を得られるように、「一部」に特別な配慮をするという「策略」を選択するのもアリなのである。

そもそも、子どもも保護者も、崩壊学級で1年間を過ごしたいなんて思っていない。学級を成り立たせることが「全体」のニーズであり、そのニーズに応えることこそが「全体」に奉仕することになる。そのためには、

「どの保護者も平等に」なんてキレイごとばかりは言っていられない。どんな手を使っても、リーダーである教師は学級を成り立たせなくてはならないのだ。

「一部」の保護者をひいきしてでも、学級を成り立たせよう。それが結局「全体」を幸せにする。

「全体」に奉仕することこそが、我々公務員の責務である。

保護者はテストの点しか分からない

「保護者を味方につけなければ、学級は成り立たない」と書いた。

これは、影響力ある保護者や「有名人」に限らない。全ての保護者を味方につけるように努力する必要がある。

特別な保護者への特別な「策略」だけでは、不十分だということだ。

当然、その他多くの保護者の信頼を勝ち得て、味方につけるための「策略」も必要なのである。

では、どうすれば多くの保護者の信頼を勝ち得て、味方につけることができるのか？

一番有効なのは、テストの点を上げることである。

どんなに素晴らしい授業をしようが、保護者には分からない。分かるのは、テストの点だけである。

「中村先生になってから、子どものテストの点が良くなった」なんて印象を保護者が持てば、最高だ。

教師への信頼がアップすること間違いなし。教師の支持率は、急上昇する。

テストの点を上げるのは、実は難しいことではない。「お稽古」をしておけば良いからだ。

最近は、市販のテストにもプレテストがついていることが多い。あれなど、「お稽古」の典型だろう。

新しい単元に入る前、教師が先にテストの問題を見ておくのも一つの手だ。

たとえば、社会科のテスト。「奥羽山脈」と「濃尾平野」の名前を書く問題が出ていたとしよう。

授業の最初に毎時間、5問、山脈や平野の名前のミニテストをする。その時、「奥羽山脈」と「濃尾平野」は必ず入れておくのだ。

そうすれば、子どもたちは、「奥羽山脈」と「濃尾平野」の名前は確実に覚えるだろう。

そして、テストで書けることは確実だ。

いずれにせよ、若手には、

新しい単元に入る前、先にテストを見ておくこと

をオススメする。それはそれで、立派な教材研究になるからだ。

そのテストで良い点を取らせるためにどういう授業をすればよいか考えてみることも大切なのである。

テストの前日に、クイズ大会をするのも手である。私のクラスでは、社会科や理科のテストの前に「ハヤオシピンポンブー」というグッズを使って班対抗の早押しクイズ大会を行っている。そして、

「第1問、ジャジャン。明日テストに出そうなところからの出題です」

とテストから問題を出しておく。

２０１４年11月15日（土）に、Ｅテレの「エデュカチオ」という番組で、私のクラスの早押しクイズ大会の様子が放映された。

「カツオはどこで生まれますか？」（私）「赤道」（子どもたち全員で声を揃えて）

「なんていう暖流に乗ってやってくるの？」（私）「黒潮」（子どもたち）

実は、「赤道」「黒潮」は、そのまま翌日のテストに出ている問題の答えだ。

こういう「お稽古」をしておけば、間違いなくテストの点は上がる。

あの手この手を積み重ねれば、クラス平均95点を取らせるなんて、実は簡単なことである。

実際に力がついたかどうかなんて、問題ではない。保護者は、テストの点しか分からないのである。

どんな手を使ってでも、テストで良い点を取らせよう。良い点のテストを持って帰らせれば、教師への信頼がアップすること間違いなしである。

最初の参観日は「座学」の授業をせよ

「ワークショップ型授業」という授業スタイルがある。

「ワークショップ型授業」は、従来の「説明中心の授業」「発問中心の授業」と違い、「活動中心の授業」である（詳しくは、上條晴夫著『授業成立の基礎技術１　ワークショップ型授業が子どものやる気を引き出す』学事出版）。

私は「ワークショップ型授業」が好きだ。メールマガジン「授業成立プロジェクト（ＪＳＰ）」では最初の２年間（２００５年〜２００７年）、「体験型ワークショップ号」の編集長を担当していたほどである。当時は、「ワークショップ型授業」の魅力にとりつかれ、多くの実践を行っていた。

今でも「ワークショップ型授業」を行う機会は多い。

学級崩壊の特徴は、おしゃべり、立ち歩きである。そして、「ワークショップ型授業」の特徴は、そのおしゃべり、立ち歩きを積極的に利用していること。

「ワークショップ型授業」を行えば、子どもたちのおしゃべりしたい、立ち歩きたいという欲求を満たすことができる。いわゆる「ガス抜き」の効果があるのだ。

私は学級崩壊の「予防」の1つとして、「ワークショップ型授業」を取り入れているという側面もある。

それでも、4月の初めての参観日では、私は「策略」として、普通の「座学」の授業をすることにしている。保護者は、自分が受けてきた教育のイメージしかないからだ。

「授業中、子どもは黙って座って、先生の話を聞くものだ。」

そんなイメージを持っている保護者は多い。だから、子どもたちが落ち着いて授業を受けている姿を見て、保護者は安心する。

それなのに、いきなり最初の参観日で授業中に子どもたちが立ち歩き、おしゃべりしている姿を見たらどうだろう。

「これって、学級崩壊？」と感じる保護者さえいるはずだ。

そして、それが不信につながる可能性が高い。

まずは普通の「座学」の授業をして、保護者を安心させることが大切だ。最初の参観日の一番の目的は、保護者を安心させることだと心得る必要がある。

参観日の授業は、研究授業ではない。失敗のリスクを伴う「研究」を保護者の前で行うべきではないのだ。

ちなみに、教育書も読まない、セミナーにも参加しないという勉強しない教師は、自分の受けてきた教育だけを手がかりに授業をしている。

参観日に来る保護者と同レベルである。つまり、シロウト。

子どもたちは、大きく変わってきている。そんな10年、20年前の教育が通用する訳がない。教師は、学び続けることが必要だ。

それでも、保護者を安心させるのは、保護者たちが受けてきた昔ながらの授業スタイルである。

最初の参観日は、普通の「座学」の授業をしよう。そして、保護者を安心させよう。

参観日は「ハレの日」、保護者サービスに徹せよ

4月の初めての参観日では、普通の「座学」の授業をせよと書いた。「この先生で大丈夫だ」「このクラスで大丈夫だ」と保護者を安心させるためだ。

では、2回目以降の参観日からは、どうするか？　いつもやっている普通の授業をすればいいと言う訳ではない。

保護者は、仕事を休んで、わざわざ授業を見に来てくださるのである。まずは、

参観日は、保護者サービスの日

だと心得る必要がある。

私は普段は、ポロシャツにスラックスという比較的ラフな格好でいる（ちなみに、若手教師には、きちんとスーツを着ることをお勧めする。子どもたちに「先生だけ楽そうでいいな」なんて印象を持たせないためだ。詳しくは、横藤雅人・武藤久慶著『その指導、学級崩壊の原因です！「かくれたカリキュラム」発見・改善ガイド』明治図書25～28ページ）。

そんな私でも、参観日にはスーツを着る。ネクタイも締める。わざわざ休みを取って来てくださった保護者への礼儀であるからだ。

私のスーツ姿を見て、子どもたちは、

「先生、どうしたの？　いつもはパジャマみたいな（笑）格好なのに……」

なんて言うが、気にしない。

「今日は参観日だから、お母さんたちが来られるでしょ。お客さんを正装で迎えるのは人間として当然のこと。礼儀として大事なことだよ」

と、きちんと教えておくのである。

教室の掃除も、特別にする。私の教室は、基本、いつもキレイだ。

それでも、授業時間を10分程度とって、子どもたちに参観日のために掃除させる。

「みんなのお家だって、お客さんがいらっしゃる時には、掃除するでしょ。キレイにしてお客さんを迎えようという気持ちが大事なんだよ。」

こんなことを教えるのも、大事な教育の一つである。

参観日は、保護者サービスの日である。では、保護者に喜んでいただくためには、どんな授業をすればいいか？　それは、

自分の子どもが活躍する場面がある授業

である。これにつきる。

1回目の参観日は、教師の授業技術を少しはアピールしておいた方が良い。「きちんと授業ができる教師」であることを伝え、保護者を安心させる必要がある。

しかし、基本、保護者は授業の流れなんて見ていない。楽しい面白い授業かどうかも関係ない。見ているのは、自分の子どもだけである。

教師がどんな発問をしようが、自分の子どもがきちんと授業に参加しているかどうかだけを見ている。

だから、自分の子がみんなの前で発言すると、嬉しい。自分の子が先生から褒められると嬉しい。「活躍」とは言っても、その程度のことで十分なのだ。

だから、必ずどの子も何かの発言ができる授業をするのがいい。

参観日の授業ネタの本が、明治図書からもたくさん発刊されている。それらを参考にすれば良いだろう。

ちなみに、参観日は「ハレの日」だと心得る必要もある。

全てがいつも通りで良いという訳ではない。日常ではない。非日常の特別な日なのだ。

たとえば、みんなの前で一人の子を叱るなんてことは、絶対にしてはいけない。

クラスのみんな、大勢の保護者の前で叱るということは、その子に恥をかかせることである。そして、その保護者にも恥をかかせるということである。

そんなことをしてしまったら、その保護者は担任に不信感を募らせるに違いない。

「非日常」なのだから、子どもを叱らなくてすむように「予防」するべきだ。また、気になることがあっても、叱らないようにするべきだ。こそっと注意するべきだ。

以前勤務した学校で、若い教師が参観日に体育の授業をした時のことである。

ある男の子が体操服を忘れた。だから、いつもの通りクラスのルールに従い、教師はその子を前に立たせて見学させた。

放課後さっそく、その保護者から苦情の電話である。

「忘れ物をしたウチの子は、悪い。しかし、授業を受ける権利を奪うのはやりすぎだ」と。この若手教師は驚いていたが、私は当然の結末だと思った。

では、この教師はどうするべきだったのか？

私なら、どんな手を使ってでも、体操服を着させる。保健室から借りる、他のクラスから借りる、お母さんに電話をして持ってきてもらう、などなど。ありとあらゆる手を使って、他の子と同じようにしてあげればいい。そうすれば、その子にも、その保護者にも恥をかかせないですむ。

参観日は、保護者サービスの日だ。それなのに、恥をかかせては、サービスどころの騒ぎではない。

参観日は特別な日と考えて、保護者サービスに徹しよう。

それが保護者の信頼を勝ち得る、信頼を損ねないための「策略」である。

自分を「宣伝」して「良い先生だ」と思わせよ

さらに保護者の信頼を勝ち得るための「策略」を述べていく。

前作『ブラック学級づくり』「保護者が一番、子どもが二番！他はテキトーでよい」（127ページ）でも述べた通り、私は、

一番のお客さんは、保護者なのだ

と考えている。

だから私は、一番のお客さんである保護者にどう見られているか？を気にしている。

そして、「良い先生だ」と思われるように気をつけている。

これからの教師には、自分を保護者にどう見せるか？自分をプロデュースする能力が必要だ

と言えるだろう。

たとえば、学級通信である。私は基本的に、学級通信を毎日発行している。年間200号以上である。

毎日発行していれば、保護者は思ってくれる。「熱心な先生だ」と。少なくとも、サボっているようには見えない。そして、

「先生、毎日学級通信をありがとうございます。毎日作るなんて、大変でしょうに」

なんて感謝の言葉をくださることも多い。私は、

「いえいえ。子どもたちが素晴らしいからですよ。毎日記事にしたいことがいっぱいです。それに、学級通信づくりは、楽しくて趣味みたいなもんですからね。毎日作っても、全く苦になりません」

などと、さわやかな笑顔で答える。

「毎日発行」しているのは、事実である。しかし、「毎日作る」は、実はウソ。時間が取れる時に作り貯めしているのだ。

金曜日には、だいたい次の週の水曜日か木曜日発行の学級通信まで作ってしまっていることが多い。

それでも、「毎日作る」ように思わせる方が得策だ。子どもたちのために毎日コツコツがんばっている真面目で熱心な教師のイメージになるではないか。

だから、

「毎日ではないんですよ。学級通信は、作り貯めができますし」

なんてことは、口が裂けても言わない。

また、私は実は、学級通信を作るのに時間をかけていない。今はA４サイズで出しているが、１号作るのに10分もかからない。

初任の時から、ほぼ毎日、学級通信を発行し続けてきた。だから、頭の中に文例が入っているのだと思う。子どもの事実をメモしておけば、文章にするのはあっという間である。

しかし、保護者に、

「大変じゃないですよ。１号作るのに10分もかからないですし」

なんてことは、口が裂けても言わない。そんなことを言ってしまっては、有り難みが半減するからだ。

私は、

「教育熱心で真面目な先生が子どもたちのことを思って、毎日コツコツと時間をかけて学級通信を作ってくださる。」

そんなイメージを持ってもらえるようにしているのである。

自分をどんな「良い先生だ」と保護者に見せようと思うのか？　まずそのイメージを持つことが必要だろう。

そして、イメージを持ったら、どうすれば保護者にそのイメージを持ってもらえるか？

自分の立ち振る舞いを考えないといけない。

「策略」を巡らせ、自分を「良い先生だ」と「宣伝」することが大切である。

「子どもをよく見ている先生」を演じよ

学級通信の内容は、子どもの良さを伝えるものが多い。特に小さな良さを見つけて伝える。

たとえば、次のような記事である。（「ちゃんこ鍋通信」第17号２０１４年4月21日発行。本当は「Ｂ」は実名で紹介している）

ちなみに、この記事の前半は、私がきちんと子どもたちを鍛える、学力をつける教師であることを「宣伝」している。参考になると思うので、やや長くなるが引用して紹介する。

Bさんのちょっといい話

子どもたちを鍛えるために、毎日漢字テストを行っています。

間違った漢字（漢字だけじゃないですね。全文です）は10回やり直させるという厳しさですが、子どもたちはがんばって取り組んでいます。

100点を取る人も、とっても増えてきました。

4月18日（金）の2時間目も、最初に漢字テストをしました。

すると、Bさんが、

「先生、テストの紙が1枚足りないのでください」（Bさん）

と言いに来ました。

しかし、Bさんは1番後ろの席ではありません。後ろから3番目の席です。

見てみると、後ろの2人はすでに名前を書いています。

Bさんは、テストの紙が足りないことに気づき、先に後ろの人に紙を回してあげたのです。

Bさんの優しい行動に、心が温かくなりました。そして、とっても嬉しい、幸せな気持ちになりました。

> Bさん、優しいですね！
> 5年4組に、Bさんのような優しい行動が増えるといいなあと思います。

こういう記事を読めば、保護者は思ってくださるはずだ。

「子どもの細かい所までよく見てくれる先生だ」

「子どもの良さを認めてくれる先生だ」と。

保護者への「良い先生アピール」が「裏」の目的だとしたら、「表」はやはり子どもへの指導だろう。

学級通信で褒めると、口で褒める100倍の効果がある。実名を出して褒め、その行為を典型化していく。「賞賛と典型化」という昔ながらの教育技術だ。

ちなみに、学級通信で一番のコツは、

必ず読み聞かせること

である。

配ったただけでは、子どもたちは読まない。読むとしても、自分の名前のある所だけ。それでは、「賞賛と典型化」にならない。

学級通信は読み聞かせて、みんなの前でしっかり褒めてやることが大切なのだ。

たとえば、次のような記事にすると良い。（「ちゃんこ鍋通信」第3号　2014年4月9日発行。本当はイニシャルは全て実名）

「ありがとう」が言えるCくんは感じがいいです。

4月8日（火）は、配り物地獄でした。

配っても配ってもたくさんの配布物があり、なかなか終わりません。

そんな中、私がプリントを手渡す度に、Cくんは「ありがとうございます」と言ってくれました。何度渡しても「ありがとうございます」と言ってくれるのです。

配り物地獄で疲れている私も、Cくんの素敵な言葉にものすごく嬉しくなりました。

気づけば、Dさん、Eくん、Fくん、Gくんも、「ありがとうございます」と言ってくれるようになっていました。

Ｃくんのように「ありがとう」が言える人が5年4組にどんどん増えると嬉しいです。

Ｃくんを褒めることで、Ｄさん、Ｅくん、Ｆくん、Ｇくんも「ありがとうございます」と言うようになっている。また、この学級通信を読み聞かせることで、それ以外の子も「ありがとうございます」と言えるようになった。まさに「賞賛と典型化」である。

子どもの小さな良さを見つけ、学級通信の記事にしよう。配って読み聞かせ、その子を褒めよう。そして、良さをクラスの他の子たちにも広げていこう。

学級通信は「賞賛と典型化」の有効な武器になる。

また、最初に述べたように、「細かい所までよく見て、子どもの良さを見つけてくれる先生だ」という保護者へのアピールにもなる。

学級通信を発行することは、まさに一石二鳥である。「策略」として、どんどん発行しよう。

卒業式では、とにかく泣け

自分が「良い先生だ」と「宣伝」することは非常に大事である。

これからの教師には、アピール力が必要だ。
また、自分をどう見せるか？
セルフプロデュース、自己演出の能力も必要だ。

たとえば、前作『ブラック学級づくり』（１４２～１４４ページ）「チェックさえすれば、子どもはサボれぬと思い込む」で、毎時間ノートを集めてチェックする話を書いた。そして、不十分なノートは必ず、やり直しさせると書いた。

子どもたちに「この先生は、いい加減なことは絶対に許してくれない」と強く思わせるためだ。

しかし、それだけではない。私は学級通信や学級懇談会で「ノートは毎時間集めます。そして、不十分なノートはやり直しさせます」と公言する。

これ、保護者へのアピールでもある。

「この先生は子どもをきちんと見て、細かい指導をしてくれる」という印象を持たせるためなのだ。

ちなみに、各教科の授業開きでは、最初に全ての教科書、ノート、ドリルなどの名前を丁寧に書かせる。

そのため、家で書いて来ないように言っておく。学級通信でもお願いする。

たとえば、初めての国語の授業の最初。

「教科書を出します。自分の名前をネームペンで丁寧に大きく書きなさい。丁寧に大きく書いていない人は、修正液を使って書き直してもらいます。書いた人は立ちなさい」と指示する。そして全員が立ったら、全ての教科書をチェックして回る。合格の子は座らせる。

言葉通り、丁寧でないもの、大きくないものは、やり直しである。まあ、4月最初の子どもたちは、がんばるものだ。まず、やり直しをする子は出ない。

これ、子どもへのアピールである。「この先生は、いい加減なことは絶対に許してくれない」と強く思わせることができる。

それと同時に、保護者へのアピールでもある。教科書やドリルに書かれたキレイな名前を見て、保護者も「この先生は名前一つとっても、きちんと見て、細かい指導をしてくれる」と思ってくださることだろう。

そうは言っても、教科書やドリルの名前を見てくださらない保護者も多い。

そこで、私はテストやプリントをさせた時も、名前から丸つけする。丁寧でない名前、大きくない名前は、当然やり直しである。しかも、10回書かせる。

保護者もさすがに、テストやプリントには目を通してくださるのだろう。保護者から、

「中村先生のクラスになって、字を丁寧に書くようになりました。テストやプリントも名前から丸つけしてあるのに驚きました」

なんて声をいただくことも多い。

子どもに丁寧さを求め、やり直しを命じることは、教師の「良い先生アピール」にもなるのだ。

一番のアピールは、卒業式で泣くことだ。

若い頃の私は、卒業式では、グッと涙をこらえていた。男が人前で泣くなんて、かっこ悪いと思っていたからだ。

しかし、Hくんという大変な男子を担任した時のこと。卒業式後に教室で行われる学活で、子どもたちが1年間の思い出を劇にして発表してくれた。私に内緒のサプライズだ。これだけで、涙をこらえられなくなりそうだった。しかも、その時、Hくんが、

「○○、座れえや。中村先生が見えんじゃろうが」

と言ったのだ。この後も、Hくんは側にいて、私を気遣い続けた。

Hくんは、教師を敵だと思っていたような子である。他の教師たちには、散々刃向かい続けた。私とはぶつかることはなかったが、困らせ続けたことは間違いない。

そんなHくんの気遣い、優しさが心に染みた。そして、私は涙した。

驚いたことに、これが評判が良かった。子どもも、保護者も、一緒に涙して「中村先生で良かった！」と言いに来てくれた。例年にない、強い手応えを感じたのだ。

それ以来、私は卒業式で泣くことにしている。

こんなことを書くと、「中村健一は、なんて腹黒いヤツだ！」と思われる方も多いだろう。苦情のお手紙をいただくかも知れない。

いや、明治図書のホームページやアマゾンに悪いコメントをされるかな（笑）。

でも、私だって卒業式が悲しくない訳ではないのだ。泣きたい気持ちなのだ。

要は、悲しい気持ちを出すか、出さないかだ。出した方が得なのだから、我慢せずに涙した方が良い。

どうするか迷ったら、保護者ウケが良い方を選ぶのが、プロ教師の「策略」なのである。

「恥ずかしい」なんて感情が上回っている内は、プロ教師とは言えない。

そんな感情は捨てて、保護者ウケが良いように振る舞おう。

苦情はチャンスだと喜べ

私は、勤務時間終了の16時40分に仕事を終えて帰ることを原則にしている。

しかし、たまに18時ぐらいまで仕事をすることもある。

同学年の会議など、面倒くさがると人間関係が悪くなる。だから、そんな時は嫌がらずに遅くまで残って仕事する。後々スムーズに仕事を進めるための「投資」だと思って我慢しているのだ。

職員室の18時は「魔の時間帯」である。仕事をしている保護者が家に帰る時間帯だからだ。

職員室の電話が鳴り響く。悪い予感がする。苦情の電話の確率が高い。

電話を取った同僚が、

「I先生、お電話です」

と大きな声で言う。

「I先生、当たり。おめでとう」

そんな祝福の声が聞こえる。拍手さえ起きる。そして、I先生以外の同僚はホッとする。

どこの職員室でも見られる光景ではないだろうか。

誰しも苦情を受けるのは、嫌だろう。しかし、

うまく対応できれば、信頼が上がる。苦情は、チャンスだとも言えるのだ。

いや、苦情はチャンスだと思うべきだ。そうとでも思わなければ、やってられない。

苦情の電話への対応には、手順がある。拙著『教室に笑顔があふれる中村健一の安心感のある学級づくり』（黎明書房）には具体例と共に詳しく説明してある。

重なってしまうので、ここでは概略だけ説明しよう。

まずは、話をしっかり聞くことだ。

「はい、はい」と声に出してうなずきながら聞く。そして、時々、相手の言葉をくり返す。たまに「なるほど!」「そうですよね」などの言葉を入れると良い。

共感的に話を聞いて、相手の気持ちを落ち着かせる。相手が話し終わるまで、しっかり聞き続けるのがポイントだ。

次に、対応策を説明、相談、確認する。

問題に対して教師がどう対応しようと思うのか説明して、保護者の意見を聞く。保護者の意見を取り入れて対応策を決めたら、くり返し言って確認する。そして、「これでよろしいですか?」と保護者の許可を得る。

保護者が許可してくださった対応策である。いわば「お墨付き」。うまくいってもいかなくても、自信を持って対応できる。

最後に、最も大切なのが、実際に子どもたちに対応した後だ。必ず、報告の電話をする。

「昨日はお電話、ありがとうございました」

と、昨日の電話のお礼を言ってから、話し始める。

子どもたちに対応した時の様子などを説明した後は、

「子どもなので、また同じことをくり返すかも知れません。その時には、また、お電話いただけると私も助かります。ぜひよろしくお願いします」

と言っておく。もちろん、もう二度と電話がかかってこないことを祈りながらである。

電話を切る前に、

「今回は本当に申し訳ありませんでした。お電話、本当にありがとうございました」

と謝罪と感謝の言葉を言う。これで、バッチリＯＫだ。

対応後の報告電話に驚かれる保護者が多い。それだけ、この電話を省略してしまう教師が多いということだろう。


対応後に、報告の電話をしよう。

それが、保護者の信頼を勝ち得る一番のポイントである。


苦情の電話を受けたら、ピンチはチャンスだと思い、「策略」を練って対応しよう。

うまく対応できれば、保護者は、きっとあなたの味方になってくださるはずだ。

とりあえず頭だけは下げておけ

教室ではケンカが起きる。ケンカが起きないクラスはあり得ない。

ケンカのないクラスがあったとしたら、それは怖い。子どもたち同士の関係が、極端に遠すぎる可能性が高いからだ。ケンカが起きるのは、健全なクラスの証拠である。

ケンカでＪくんがＫくんにケガをさせてしまったとしよう。この責任は、誰にあるのか？

Ｊくんに責任があるのは、間違いない。しかし、最も責任が重いのは、Ｊくんではない。

では、誰か？　当然、Ｊくん、Ｋくんが所属するクラスの担任教師である。

どんなことであれ、教室で起こったことは、全て担任の責任なのだ。

だから、Ｋくんの保護者には、当然、担任教師も謝罪する必要がある。

また、Ｊくんの保護者にも、担任が謝罪する必要がある。Ｊくんを加害者にしてしまったのは、担任の責任なのだ。

教室で起こったことは、全て担任の責任である。そのことを強く自覚しておけば、素直な気持ちで謝罪できる。

とりあえず、頭だけ下げておけばいい。
そうすれば、保護者も悪い印象は受けず、大きな問題には発展しない。

それなのに、Ｋくんの保護者に「ケガをさせてしまって、大変申し訳ありません」と言えない教師は多い。

また、Ｊくんの保護者に「Ｊくんが友達にケガをさせることになってしまい、大変申し訳ありません」と言えない教師は、もっと多い。

だから、話がこじれてしまうのだ。教室で起こったことの責任は、全て担任にある。そう思って、まずは頭だけは下げておこう。これが最も大事な「策略」である。

教室で起こったことは、全て担任の責任である。それなのに、教室で起こった問題に対して、保護者に苦情を言う教師がいる。「最近、授業態度が悪いんですけど……」などと電話をする。

授業態度を悪くさせたのは、担任の責任だ。それなのに「上から目線」で、家庭が悪いようなことを言う。だから、保護者との関係が悪くなる。

仕方なく、保護者に協力を求めることもあるだろう。それならば、最初にすべきは、謝罪である。

「申し上げにくいんですが……最近、Lくんの授業態度がよくありません。私の責任です。大変申し訳ありません。しかし、このままでは、Lくんにとっても良くないことだと思います。お母さんにも、ご協力いただけないでしょうか？」

と謝罪をした上で、丁寧に協力をお願いするしかない。お客さんである保護者には、常に「下から目線」が大切なのである。

ちなみに、「教室で起こったことは」と書いたが、

学校で起こったことは、全て校長の責任である。

若い教師はそのことも知っておいた方がいいだろう。
たとえば、新しく赴任してきた教師を高学年、ましてや6年生の担任にする校長がいる。私には、ちょっと理解できない話だ。学級崩壊のリスクが高すぎる。あなたが新しい学校に赴任して、いきなり6年生を担任させられたとする。そのクラスが壊れたとしても、それはあなたのせいではない。そういう無茶な校内人事をした校長の責任である。
こういう失敗人事のことだけでなく、学校内で起こったことは、全て校長の責任である。校長に落ち度がないとしても、学校で起こったことは、全て校長の責任なのだ。だから、

学校で起こったことは、とにかく校長に報告しておく必要がある。

校長に報告さえすれば、あなたの責任ではなくなる。そして、校長の責任になる。

連絡帳に「証拠」を残すな！

苦情の電話への対応術を書いた。しかし、電話でなく、連絡帳で苦情をいただくこともあるだろう。

そんな時、私はどうするか？

「お手紙、ありがとうございます。大変申し訳ありませんでした。今日の夕方、電話させていただきます。どうぞよろしくお願いいたします」

こんな風に連絡帳に書く。

連絡帳に長々と返事を書く教師をよく見る。差し障りのないことや子どもを褒めることならいいのだが、苦情に対する返事を書いてしまうのだ。

連絡帳に書くと、それが証拠として残る。裁判になったらどうするのか？
連絡帳に書くことは非常に危険である。「脇が甘い」と責められても仕方ない。

ちなみに、「差し障りのないことや子どもを褒めることならいいのだが」と書いたが、これも、実は危険だ。

保護者にとっては「差し障り」があるかも知れない。特に、保護者が担任を良く思っていない場合はそうだ。「子どもを褒めること」さえ、反発の対象になってしまう可能性がある。

マスコミで教師の問題行動が取り上げられることが多い。もちろん、問題のある行動もある。しかし、その前提となっているのは、信頼関係だ。

保護者が教師を信頼していれば、少々のことは問題にならない。
しかし、不信感を持っていれば、どんなことでも問題になる。

マスコミに問題行動を取り上げられた教師は、その前提として保護者との関係が壊れていたことが予測される。

連絡帳で苦情をもらった時の対応術に話を戻そう。

私は、とにかく連絡帳には書かない。
連絡帳に書いた通りに電話する。

電話をすれば、相手の様子がよく分かる。かなりのお怒りモードなのか、そんなに怒っていないのかが分かるのだ。

連絡帳では、様子が分からない。冷静に書いているが、実はかなりのお怒りモードの可能性も十二分にある。

電話をしてお怒りモードなのが分かれば、私はすぐに家庭訪問する。
いや、怒りを少しでも感じれば、すぐに家庭訪問する。

その方が、相手に誠意が伝わるからだ。家庭訪問した途端に、
「先生、わざわざ来てくださらなくても。ありがとうございます」
と怒りが収まるケースさえある。

相手が思っているよりも一段上の丁寧な対応をすることが大切なのだ。そうすれば、保護者の怒りも少しは収まる。

また、顔と顔を見合わせると、相手はなかなか怒りを表現しにくい。電話では怒鳴る保護者も、面と向かっては怒鳴れない人も多い。

連絡帳には、絶対に証拠を残さない。
電話して様子を窺い、少しでも怒りを感じたらすぐに家庭訪問する。

こんな「策略」が自分の身を守る術である。

最初を面倒くさがると、後が「ものすごく」面倒くさい

「連絡帳に書くな」と述べた。「すぐに家庭訪問せよ」と述べた。

忙しいのに、そんな面倒くさいことできるか！と反発を感じた読者もいるだろう。

正直言えば、私だって面倒くさいなと思うことが多い。連絡帳に書いて済ませてしまうと楽だろう。電話で済ませてしまえば楽だろう。しかし、

最初に楽をすると、後々面倒くさい事態に発展してしまうことが多い。後で「ものすごく」大変な思いをするぐらいなら、先に「少しだけ」大変な思いをしておいた方が楽だ

ということを私は経験上、知っている。最初の対応を面倒くさがって、後でもっと面倒くさい目に遭う同僚をたくさん見てきたからである。

前作『ブラック学級づくり』で、私が一番言いたかったのは、「予防」の大切さである。

学級崩壊してしまえば、為す術はない。だから、崩壊しないように「予防」する。

いじめが起こってしまえば、解決は非常に困難だ。だから、いじめが起きないように「予防」する。

「やんちゃ君」が反抗し始めれば、指導は一切入らない。だから、「やんちゃ君」が反抗しないように「予防」する。

こんな「予防」の話を書いた。「策略」の一つとして、「予防」は本当に大切だ。そして、私は講師として登壇する教育講座で「予防」の話をするようになった。

「私は、つい最近まで、学級づくりの最重要キーワードは『つなげる』だと思っていました。でも、最近、変わったんです。何だと思います?」

参加者一人ひとりに書かせてから、答えてもらう。

ちなみに、個人的に一番ウケた答えは、島根大の学生が答えてくれた「『愛』ですか?」。

私は「ブラック」で売っている男だ。この質問の答えが「愛」だったら、面白すぎる。

いや、私もいつか「愛」の大切さに気づく日が来るのだろうか。

この問題の答えは、当然、「予防」である。最近の講座では「予防」の大切さを力説している。

私が「予防」の話をするようになってから、親友・土作彰氏が講座で、こんな話をし始めた。

「みなさん、学級崩壊して立て直せるとしたら、10万円ぐらいいくらでも払いますよね。だったら、後ろに売っている私の本とDVD、全部買っておいたらいい。全部買っても3万円ぐらいでしょう。学級崩壊した後に、立て直すのは不可能です。だから、壊れないように『予防』として本やDVDを買って、学級づくりに役立てたらいい。3万円なんて、安いもんです。壊れる前に『予防』しましょう！」

さすがに商魂たくましい土作氏である。土作氏の説明に、会場に笑いが起きる。私も思わず笑ってしまう。まあ、失笑かな（笑）。

土作氏の説明は、少々飛躍はしている。しかし、私が言いたいことと、大きくズレてはいない。

要は、「予防」のために「策略」として「先行投資」をしておこうということだ。

苦情をいただいた時、すぐに家庭訪問をするのは、面倒くさい「投資」である。３万円分の教育書を買うようなものだ。誰だって、自分の時間やお金を使うのは嫌だろう。

しかし、苦情の対応がまずくて大問題に発展したら、もっと面倒くさいことになる。10万円分の教育書を買うようなものだ。いや、10万円払って解決すればいい。そうなっては、10万円払っても、すでに手遅れかも知れないのだ。だから、

「先行投資」して「予防」をしておこう。
面倒くさいと思う気持ちを我慢し、時間と労力を「先に」使って、家庭訪問をしておこう。

多少のコストはかかるが、後でもっと大きなコストを支払うようになるより、よっぽどいい。どれだけ大きなコストをかけても、取り返しがつかないような事態になるより、よっぽどいい。

土作氏の商魂たくましい話法に乗って説明したが、うまく伝わっただろうか。

要は、「予防」のために、土作氏のＤＶＤや私の本を買っておこうということだ（笑）。

苦情をもらった時点で、教師の「負け」

苦情の電話や連絡帳をもらった時の対応術について書いている。

しかし、本当のことを言えば、苦情の電話や連絡帳をもらった時点で「教師の負け」なのだ。

電話や連絡帳で苦情をもらう前に、教師の方から「先に」保護者に連絡するのがベスト

だからだ。

本来なら、教師がその問題に「先に」気づき、「先に」対応すべきことである。それなのに、保護者からの苦情で、教師がその問題に「やっと」気づき、「やっと」対応する。

それでは、遅すぎる。だから、

電話や連絡帳での苦情には、「こんなことも気づいてないの?」という意味合いも含まれていると理解した方がいい。

そうならないためには、教師が「先に」気づき、「先に」対応しなければならない。

「これ、電話がかかってくるかも」

「これ、連絡帳で苦情が来るかも」

と察知できたら、教師から「先に」連絡した方がいい。

そうすれば、「この先生は、よく見てくださっているな」と信頼も上がるだろう。

もちろん、気づいたこと全てを連絡する必要はない。

保護者によっては、問題に気づいていない人も多い。その場合、わざわざ問題を顕在化させるのがベストとは限らない。

また、保護者のキャラクターにもよる。丁寧な電話連絡を喜ぶ保護者もいれば、面倒くさがる人もいる。保護者のキャラクターは、バラエティに富んでいる。

問題の大きさや保護者のキャラクター、その他いろいろなことを考えて、教師が連絡すべきかどうか判断するしかない。

どうすれば、大きな問題にならないか?を最優先に、教室のリーダーである教師が決断するしかないのである。

いずれにせよ、保護者が電話や連絡帳で苦情を言ってきたのは、重たいことだと判断するべきだ。

本当なら、教師が「先に」連絡すべきことなのだ。

それなのに、保護者がわざわざ「先に」連絡をしてきてくださったと考えるべきである。

自分の連絡が遅かったことが原因だと考えるべきである。

保護者は思い悩んだ末に連絡してきたのだ。勇気を出して連絡してきたのだ。

その答えが、「様子を見てみましょう」では納得いかない。

「管理職に相談してみます」「同学年で相談してみます」では納得いかない。

もちろん、そういう回答しかできない場合もあるだろう。その場合には、

「様子を見て、〇日後に連絡します」

「相談して、明日の〇時までには連絡します」

とはっきりと期限を示して約束することが必要だ。

そして、当たり前だが、約束の期限までに回答をする。

教師が「先に」連絡をしないという失態を演じてしまったのだ。申し訳ないという気持ちを持って、できる限り誠実な対応をするしかない。

先手必勝！「情報戦」に負けるな

保護者対応は、スピードが命である。

とにかく保護者より「先に」が大事。
教師が保護者の一手を、先回り、先回りして対応する。

たとえば、子どもがケガをした場合である。

連絡帳でなく、電話をするべきだ。少しでも大きなケガの場合は、当然、家庭訪問をするのが望ましい。

しかも、保護者から「先に」電話がかかってくるようでは、アウトである。

「ウチの子が学校でケガをして帰って来たんですけど……」

なんて電話には、「それなのに電話一つかけてこない」という保護者の不満が隠されている。

学校でケガをしたということにプラスして、教師の対応に対する苦情である

と理解するべきだ。

では、そうならないために、どうするか？

私なら、教師の隣に子どもを残しておいて、電話する。子どもと一緒に帰って、家庭訪問する手もある。

まあ、ケガの程度にもよるが、電話がかかってくることが予測されるほどのケガなら、間違いなく家庭訪問を選ぶ。

いずれにせよ、子どもを残しておけば、保護者から「先に」電話がかかってくることはない。

子どもが保護者に情報を伝えるのより「先に」教師から伝えることができる。

さらに、子どもを残しておくのには、もう一つの理由もある。

教師と子ども、どちらが「先に」保護者に情報を伝えるか？早い者勝ちである

からだ。

特に低学年の場合、ケガの原因や教師の対応をうまく伝えられない子がいる。親の顔色をうかがいながら話をしていると、話の内容がずれていってしまうことも多い。

そして、いつの間にか「ケガをさせられた」ことになっていたりする。私もこの手の話を何度も同僚から聞いた。笑い話で済めばいいが、問題がこじれてしまったら大変だ。

しかも、最近の保護者は、子どもの言うことを鵜呑みにする傾向にある。

子どもが保護者に話をするより「先に」担任が話をしておけば、こういったことは起こりにくい。保護者も担任から聞いた話の流れで、子どもの話を聞くものだからだ。

子どもより「先に」情報を伝えなければならない。とにかくスピードが命なのである。

「数」こそ力

電話や連絡帳で苦情を受けた時の対応術を書いてきた。電話や連絡帳ぐらいで済めばいい。お怒りなのにそのぐらいで許してくださって有り難い、と感謝の心を持つべきだ。最近の保護者は、情熱的だ。まるでスペインの闘牛のよう。頭に来ると、すぐに学校にやって来る。怒りをそのままぶつける保護者が本当に多くなった。

しかも、両親で怒鳴り込んでくる保護者が多い。私の感覚では、お母さんは子どもの話を共感的に聞くものだ。子どもが学校であった辛い話をしたら、

「そうだよねえ。それは、ひどいね。学校に行って、話をしてあげようか?」

と一緒に怒ってあげるのが母性というものである。それは否定しない。大事なことだ。

しかし、子どもには、母性だけでは不十分だ。子どもと母親がヒートアップしたら、

「ちょっと待てよ。お前にも悪い所があるんじゃないか?」

と厳しい目で見る父性も必要なのである。

男女差別だと言われるかも知れない。しかし、この役割は母親、父親、逆でもいい。要は、子どもにとっては、自分を全て認めてくれる存在と、否定してくれる存在と両方が必要だということだ。どちらを母親が担当しても、父親が担当しても構わない。母親だけで、この2役を担当しても構わない。

両親で怒鳴り込んでくる保護者は、2人共が子どもを全て認める存在であると思う。「ちょっと待てよ。お前にも悪い所があるんじゃないか?」という冷静な目で見る人間が家庭にいない。それが心配だ。

話が逸れた。本題に戻そう。保護者が学校に怒鳴り込んで来た場合である。

たとえば、母親が怒鳴り込んで来たとしよう。その場合は「策略」として、

絶対に一人では対応しない。教頭を巻き込んで3人で話をする

ことが大原則だ。

校長でなく、教頭だ。この時点で、学校の一番偉い人が出ては困る。校長は最終的なカードとして残しておかなければならない。

また、両親で怒鳴り込んで来たら、

教頭とあと1人、学年主任などを巻き込んで、5人で話をする

ようにする。

常に相手より1人多い人数で対応することが大切だ。「数は力」だと心得る必要がある。


「数は力」とは言え、たった2人の保護者を数十人の教職員で取り囲んだらマズイ。その異様な状況に、それだけで保護者の反発は強まるだろう。

「1人多い」ぐらいがベストである。

以前の勤務校に、学校相手に裁判を起こしている保護者がいた。その保護者は、いつも10人ぐらいの仲間を引き連れて、校長室にやって来た。某宗教団体の仲間である。

私も数合わせで、何度か参加させられた。やはり、大人数で来られると、純粋に怖いものだ。

その話し合いは、いつも保護者主導で行われた。もちろん、学校側の方が立場が弱いので、強く言えないという理由はある。しかし、それ以上に「数は力」だということを私は感覚的に学んでしまった。

やはり、人数が多い方が、その場の空気を支配しやすい。その場の空気を支配した者が話し合いの主導権を握るものだ。

この経験を通して、私は必ず複数で対応するようになった。

複数で対応しておいた方が、後で揚げ足も取られにくい。「こんなひどいことを言われた」「こんなひどいことをされた」と言われても、一緒にいた教頭に「そんなことしてませんよ」と弁護してもらうこともできる。

まあ、何より独りぼっちで戦うより、仲間が一緒にいてくれた方が心強い。

第2章

職員室で威力絶大！
大人の根回し仕事術

直球だけじゃない。カーブだって牽制だって必要なのが大人の世界。職員室をオアシスにするための大人のマナーを教えよう。

職場で「浮かない」のも、策略のうち

第2章では、良い職員室をつくるための「策略」について述べていく。いや、正確には、自分が過ごしやすい職員室をつくるための、だな。

教室が「戦場」となってしまっている今、職員室は唯一の「憩いのオアシス」である

と言えるからだ。

職員室までが「戦場」になってしまったら、我々「戦士」はどこで休めばいいのだろう。家庭か？　でも、家庭さえも「戦場」になってしまっている人もいる（笑）。（良い家庭を

つくる「策略」については第3章で述べる。注・もちろん、冗談）

職員室ぐらい、疲れ切った教師たちが、ホッと一息入れられる場所であるべきだ。

しかし、若い頃、職場で浮いていたという大実践家は意外に多い。正直言えば、私もそうだった。私も若い時は、新しい実践がやりたくて仕方なかった。それが、リスクの高い実践だとしてもだ。そして、周りから止められても、決行したことがある。だから、周りとぶつかった。

また、最近、セミナーの懇親会などに出て思うのだが、今、大実践家と呼ばれている人たちは、多かれ少なかれ「法則化」の影響を受けている。私が若かった頃は、勉強をすれば「法則化」の影響を受けざるを得ない。そういう時代だった。

私も少なからず「法則化」の影響を受けた一人だ。しかし、「『法則化』教師」は当時、一般的な教師から快くは思われていなかった。だから私も、浮かざるを得なかったのかも知れない。

そんな我々の過去がありながらも、歳取った私は、若手に言う。

「職場で浮くべきではない」と。

職場で浮く人間に、良い教室がつくれるのか？と純粋に思うからだ。

大ベテランになった大実践家でも、職場で浮いている方がいらっしゃると聞く。若手なら、まだ分かる。まあ、歳取っても、教室でも職員室でも戦い続けるエネルギーがあるのだから、うらやましい話ではある。

しかし、その方は、本当に良いクラスをつくっているのだろうか?

良い職員室がつくれない人間に、良い教室がつくれるはずがない。純粋にそう思う。

あまり言いたくない台詞だが、結局、教育は「人」である。あっ、言っちゃった。職員室で同僚との関係がうまくつくれないのに、教室では子どもたちとの関係がうまくつくれるのだろうか。

いや、そういう方もいらっしゃるのだろう。それこそ、本当のプロだと言えるかも知れない。私も職員室と教室では、振る舞いが違う。プロ教師は、いくつかの顔を使い分けられるようになるべきだ。

しかし、私は普通の男である。若手たちも、そこまでプロ教師として成熟していないはずだ。普通の男である私や若手は、やはり職員室でも、浮かないようにするべきだ。

良い職員室をつくることが、良い教室をつくるための勉強、教師修業だと思えばいい。

そうすれば、たいていのことは我慢できる。

たとえば、国語科教育の大家・野口芳宏氏を見れば良い。野口氏は「職員室で浮いたことなど、一度もない」と言われていた。

ご逝去されてしまったが社会科教育の大家・有田和正氏も、そうであったはずだ。あの人なつっこい笑顔を嫌える人間はいないはずである。

野口氏、有田氏を見れば、私のような腹黒い男でも「結局、教育は『人』だ」と言いたくなるのが理解していただけると思う。

若手はやりたいことも多いだろう。しかし、周りを敵に回してまでする必要はない。

教師修業の１つとして、良い職員室づくりをしよう。

良い職員室づくりができる人間は、良い教室がつくれるはずだ。

転勤1年目の教師は黙っとけ！

4月は出会いの時である。初任者を始め、たくさんの新しい教師が学校にやって来る。職員室で自己紹介が行われ、初めての職員会議が行われる。初めて来られた方は、新しい学校に慣れていない。初々しい新鮮な雰囲気が職員室に漂う。

それなのに、着任したばかりの教師が、手を挙げて意見を言うことがある。さすがに初任者にはいない。発言するのはベテランだ。

もちろん、遠慮した口調だ。「～～です」なんて断定しない。「～～だと思うんですけど」「～～かも知れないなあと思いまして」なんて語尾を濁している。

ズケズケとした物言いではない。他の教職員に悪いイメージを与えたくないという気持ちも伝わってくる。

それでも、私はこの時点で、この教師の力量を疑う。

思いついたから発言すればいいというものではない。職員室での人間関係づくりにも「策略」が必要なのは、言うまでもない話だからだ。

「ベテランなのに、この人、大丈夫かな？」

私は、ちゃんと学級がつくれる人なのかどうか？不安になる。

少なくとも、この教師が「策略」を持っていないのは、明らかだからだ。

職員室で「策略」を持たない教師が、教室で「策略」を持っているとは思えない。

「策略」を持たなければ、学級は成り立たない。これは、前作『ブラック学級づくり』でくり返し述べてきたことだ。というか、この本のシリーズのコンセプトだ。

では、転勤した時の「策略」は何か？

新しい学校に赴任して1年目は黙っておくことである。

新しい学校に転勤すると、ハテナ（？）と思うことが多くある。どうしても、前の勤務校と比べてしまうのだ。そして、それらをおかしいと感じ、変えたくなる。

私もそうだ。その気持ちはよく分かる。

しかし、1年目は黙っておくに限る。自分のやり方に変えようとするよりは、その学校のやり方に慣れようとする気持ちが大切だ。

それなのに、1年目から多くの提案をする人がいる。しかも、「前の学校では、……」なんて最悪の発言をする。他の職員は、

「そんなに前の学校がいいんなら、前の学校に戻ったらいいじゃん」

なんて思っているに違いない。

新しい学校での1年目は、とにかく黙って、その学校のやり方に慣れようとすることが大切である。

まずは同僚を「ヨイショ」せよ

「新しい学校に赴任して1年目は黙っておくこと」が大事な「策略」であると書いた。

しかし、だからと言って、四六時中、ずっと黙っておく必要はない。

黙っていたら、ただの暗いヤツと思われるだけだ。そうなると、なかなか他の教職員と打ち解けられない。どんどん話した方がいい。

では、どんな話をするか？　当たり障りのないバカ話でよい。

『ブラック学級づくり』で、子どもが話しかけたくなる自己紹介について書いた。

私は、初めて出会った子どもたちに、

「中村先生の好きな物を3つ紹介します。1つ目は、サンフレッチェ広島です。2つ目は、広島東洋カープ。3つ目は、ラーメンです」

と自己紹介する。

人間、好きな物が一緒だと嬉しくなるもの。子どもたちも、

「先生、サンフレッチェ好きなん?」

と話しかけたくなる。そして、話しかけてくる。

これ、大人も同じである。好きな物が一緒だと嬉しくなる。そして、話しかけたくなる。自己紹介や雑談で、同僚相手にも、好きな物や趣味の話をどんどんすると良い。話しかけたくなる「エサ」を撒くのだ。

さらに有効なのが、その学校の良さを見つけ、褒めることだ。新しい学校に転勤すると、おかしいと思うことがたくさんある。どうしても、前の学校と比べてしまうからだ。

しかし、この気持ちを口に出して言うのはマズイ。敵をつくるだけである。ましてや、転勤してきた教師だけで集まって、「この学校おかしいよね」なんて話すのは最悪だ。

そんなことをしたら、新しく来た教師たちと、今までいた教師たちの溝がどんどん深くなっていってしまう。

そこで、次のような「策略」が必要になる。

「おかしい」と思う気持ちを捨てて、その学校の子どもたちの良い点を見つけ、声に出して褒める。

まずは、「この学校の子は、掃除は一生懸命やるな」「この学校の子は全校朝会では黙って集まれるな」などと、子どもの良さをとにかく見つける。

そして、見つけた良さは、言葉にして伝える。

「この学校の子は、掃除を一生懸命しますね。掃除上手な学校ですね」

「この学校の子は、黙って全校朝会に集まれますね。落ち着いた学校ですね」

自分の学校の子どもたちが褒められれば、教師たちも嬉しくなる。

子どもたちが良いということは、教師の指導が良いということ。
子どもたちを褒めることは、教師の指導を褒めているのと同じだからだ。

前作『ブラック学級づくり』で、私が最も気に入っている名言がある。

リスク0、しかも、コスト0の「褒める」という武器はどんどん使うに限る。使わないのは、もったいない。

これは、職員室にも当てはまる。

思っていても、言葉にしないと伝わらない。しかも、「言葉はタダ」である。せっかく良い所を見つけたなら、それを言葉にした方が得だ。職員室でも「褒める」という武器をどんどん使ったらいい。

新しい学校に来て1年目は、子どもたちの良さをどんどん見つけよう。そして、それを口に出してどんどん褒めよう。子どもを褒めるということは、教師を褒めるのと同じことだ。子どもを褒められ、自分を褒められ、教師も嬉しくなる。

そうすれば、歓迎される。早く職場に慣れ、仕事がしやすくなる。

これも、自分が仕事をしやすくするための大事な「先行投資」なのである。

子どもの悪口は、担任の悪口となる

教師たちは大変な子どもたち、大変な保護者たちと戦い続けて疲れ切っている。職員室で愚痴を言うことぐらい許して欲しい。

教室が「戦場」である今、職員室は、最後に残された唯一の「憩いのオアシス」なのだ。

子どもや保護者の悪口を言い合えるのは、良い職員室の証拠である。

私がくり返し、主張していることだ。子どもや保護者の悪口ぐらい、遠慮せずに言い合える職員室にしたい。

しかし、気をつけないといけないことがある。

悪口を言うのは、自分が担任している子どもや保護者に限る。
他のクラスの子どもの悪口は、絶対に言ってはいけない

ということだ。

自分のクラスの子どもは、自分の本当の子どものようなものである。

自分の子どもの悪口を言われて、嬉しい親はいない。それと一緒で、自分のクラスの子どもの悪口を言われて、嬉しい教師はいないのだ。

また、

子どもが悪いということは、教師の指導が悪いということ。
子どもの悪口を言うことは、教師の指導を悪く言っているのと同じ

なのである。

それなのに、わざわざ他のクラスの子どもを悪く言う必要はない。

担任が自分のクラスの子どもを悪く言う時もあるだろう。その時は、

「そうですよね」「大変ですよね」

と共感的に聞けばよい。

「でも、先生、あの子にはこんな良い所もありますよ」

なんて言う必要は全くない。そんなことは、担任をしている教師の方が良く知っている。

ただただ、うなずきながら、共感的に聞いてあげるだけでいいのだ。


もともと愚痴なんて、何か解決策を求めている訳ではない。ただただ、聞いて欲しいだけである。


愚痴を言って、聞いてもらう。そして、担任の気持ちが少しでも楽になる。それで、十分なのである。

職員室は、最後に残された唯一の「憩いのオアシス」なのだ。

心が安まることなく、ずっと戦い続けるのはキツ過ぎる。お互いに気遣い合って、居心地の良い職員室をつくりたいものである。

子どもを褒めて「傷をなめ合え」

私は、教室で戦い、疲れ切っている。職員室でぐらい、私に愚痴を言わせて欲しい。

また、他の教師たちも、教室で戦い、疲れ切っている。彼ら彼女らにも、職員室でぐらい、愚痴を言わせてあげて欲しい。

それなのに、

「教師として、子どもの悪口を言うのはいかがなものか」

なんて言う人間がいては困る。安心して愚痴すらこぼすことができなくなる。

子どもや保護者の悪口を許し合うことは、本当に大切だ。

しかし、正直言えば、やはり、悪口ばかりが飛び交う職員室は嫌だ。それは、誰しも同じ思いだと思う。

では、悪口ばかりにならないようにするために、どうするか？

悪口以上に褒め言葉が飛び交うようにすればいい

のである。

困難校であっても、全ての子どもに問題がある訳ではない。また、問題のある子どもでも、24時間ずっと問題児な訳ではない。

「○○先生のクラスの○○くん、優しいですね！　私が荷物を運んでいたら、『手伝いましょうか？』って言って、持ってくれたんですよ。本当に優しい子ですね。」

子どもたちのちょっとした良さを認め、それをとにかく言葉にして言ってみよう。

自分のクラスの子どもは、本当の自分の子どものようなものである。

自分の子を褒められて、嬉しくない親はいない。それと一緒で、自分のクラスの子が褒められて、嬉しくない担任はいないのだ。

しかも、くり返しになるが、

子どもが良いということは、教師の指導が良いということ。
子どもを褒めることは、教師の指導を褒めているのと同じ

なのである。

自分のクラスの子どもだけでなく、教師自身も褒められているのだから、教師はますます嬉しくなる。

人間、自分のことを褒めてくれる人のことは、好きになるものだ。

「他のクラスの子どもをどんどん褒める」という「策略」は、職員室での人間関係を良くするためにも、実に有効に働く。

他のクラスの子どもの良さを見つけたら、とにかく言葉にしてどんどん褒めれば良いのである。

また、褒め言葉を聞いた時の、周りの他の教師たちの反応も大切である。

「へ〜、○○くんって優しいんですね！」と相づちを打つ

ようにするといい。「へ〜！」「すごい」など簡単な言葉で十分だ。それだけで褒め言葉が倍増するイメージになる。

相づちを打つ人間が2人、3人と増え、輪が広がると、職員室全体が温かい雰囲気になっていく。

職員室では、お互いのクラスの子どもを褒め合い、傷をなめ合おう。そうすれば、疲れ切った教師たちも癒やされる。

褒め言葉の飛び交う職員室は、まさに「憩いのオアシス」の名にふさわしい。

悪口以上に、褒め言葉の飛び交う職員室をつくっていこう。

職員室で「鷹の爪」は隠せ

私は結構、有名人らしい。

「先生、『中村健一』で検索したら、先生の写真がいっぱい出てきたよ」

なんて言ってくる子もいる。

恐ろしいことだ。しかも、検索してみると、私の写真はかぶり物など変なのばっかり。

誰が載せたのか知らないが、なんとか削除できないものだろうか。

しかし、まあ、こうやってたくさんの本を書かせてもらっているのだから、ある程度目立つのは仕方のないことだとは思う。

世間では、そこそこ目立っている私である。では、そんな私が職員室でどのように振舞っているか？　目立っているのか？

私は「策略」として、職員室では目立たないようにしている。目立ってしまうと、執筆活動、講演活動などがやりにくくなってしまう気がするからだ。

「出る杭は打たれる」ということわざがあるが、あんまり目立ちすぎて打たれても困る。だから、私はできるだけ目立たないようにしておいた方が得策だと判断している。本を出していることは、一応、秘密だ。絶対に自分からは、言わない。

「中村先生の本、読ませていただきました」

なんて言ってくださる同僚もたまにいる。そんな時、私は、

「ありがとうございます。でも、恥ずかしいから内緒にしといてくださいね」

とコソッと言う。恥ずかしいのは、正直な気持ちだ。こんな私がたくさんの本を出しているなんて、本当に恥ずかしいことだと思う。

たまに、テレビや新聞の取材をお願いされる。でも、私は、できるだけ断るようにしている。職場に迷惑がかかるという思いが強いからだ。まあ、本音を言えば、面倒くさいからかな。私は元来、ものすごい面倒くさがり屋である。

この前も、ＮＨＫ「プロフェッショナル仕事の流儀」から取材の依頼があった。私は、即、断った。数週間に渡る密着取材なんて、面倒くさいだけだからだ。ただ、光栄な話ではある。自慢したくなったので、ここに書いておいた。私は「『プロフェッショナル』を断った男」なのだ（笑）。

ここでは自慢して書いたが、職員室ではこんなこと言わない。もちろん、内緒である。断り切れずに取材を受けた時にも、「どうしても断れなくて……ご迷惑をおかけして申し訳ありません」というスタンスでいる。恥ずかしいので、放映日や発刊日は職場には内緒である。

私は、普通の教師である。こうやって本を出しているだけで、「すごい教師だ」なんて思われているかも知れない。しかし、それは大きな勘違いだ。私程度の力量を持った人は、ザラにいる。私以上のものすごい力量を持った人も、ザラにいる。

私は、たまたま本を出す機会に恵まれただけである。それは、コネクションがあるからに他ならない。人間関係が全てなのだ。大人になると、それがよく分かる。

すごい教師でない私は、等身大の自分に合わせて、職員室ではできるだけ目立たないように、ひっそりと過ごしているのである。

教師の「教えたがり」な性（さが）を利用せよ

　ここ数年で、私の勤務する学校にも若手が増えた。その一方で、毎年、数人が定年退職で辞めていく。職場が一気に若返った感じだ。

「中村先生、明日の終業式の日を楽しく終わりたいんですけど、短時間でできるゲームを教えてくださいませんか？」

　こんな風に聞いてくる若手も多い。

　そんな時、私はどうするか？　「ニマ～」とするのである。嬉しいのだ。

　学期末なんて、超忙しい時期である。それでも、嬉しい。忙しさを忘れ、優先して教えてしまう。

　私は、つくづく教えるのが好きなのだなあと思う。そりゃそうか。だって、教師になってるんだもん。

教師は教える商売である。教えるのが好きだから教師になったのだ。


教師は「教えたがり」である。

職員室の人間関係でも、この性（さが）を利用しない手はない。


たとえば、週番を決めて、戸締まりをして回る学校に勤務したことがある。

週番になった時は、大チャンスだ。全ての教室に勝手に入れるという特権を手にしているからである。合法的に全ての教室に侵入できるのだ。

いろいろな教室を戸締まりしながら、見て回る。すると、教室ごとに、様々な掲示物がある。学級通信が貼ってあるクラスがある。また、子どもたちが作った新聞があったり、絵が掲示してあったりする。

気になった物があったら、遠慮せずに、聞いてみると良い。

「〇〇先生、先生のクラスに素敵な絵が飾ってありましたね。あれはどうやって描かせたんですか？」

教えたがりの教師は「ニマ～」とするだろう。嬉しいのである。そして、時間を取って、丁寧に教えてくれるに違いない。

教師でなくとも人間は、頼られると嬉しいものだ。私も頼られると、嬉しい。

私の職場の中でも、私にいろいろ質問に来る若手と、質問に来ない若手がいる。

どちらがかわいいか？　当然、前者である。質問に来る若手には頼られている気がする。

だから、かわいい。

職場でかわいがられるためにも、教育技術を手に入れて自分の技量を伸ばすためにも、若手はどんどん質問したらいい。まさに一石二鳥である。

いや、若手だけではない。赴任して1年目の教師はどんどん質問したらいい。

「この学校の子どもたちは、本当に一生懸命掃除しますね。どうやって指導したら、あれだけ掃除上手になるんですか？」

「この学校の子どもたちは、黙って講堂に集合できますね。どうやったら、あんな子どもたちになるんですか？」

教えたがりの教師は「ニマ〜」とするだろう。嬉しいのだ。

そして、喜々として教えてくれる。そして、質問した教師に好感を持つようになる。

まあ、ポイントは、最初に褒めてから質問するということかな。


褒めて、質問して、教えてもらうという「策略」も職員室の人間関係を良くするのに実に有効に働くのだ。


特に赴任して1年目の教師には、この「戦略」をぜひ使ってみて欲しい。効果が実感できるはずだ。

ちなみに、私が研修主任になったら、ぜひやってみたい研修がある。

「私の得意技、教えます！」という研修だ。

我々ベテラン教師は、1つぐらい特技を持っている。

絵の指導が得意だったり、跳び箱を跳ばせるのが得意だったり、作文を書かせるのが得意だったり、人それぞれだ。私で言えば、ゲームやディベートかな。

そして、教師は「教えたがり」なのだから、誰しも、その特技を披露したいと思っている。

また、私も歳を取ってきて、後輩たちに残せる物はないかと考えるようになった。定年退職を控えた大ベテランは、もっとそうだろう。

「私の得意技、教えます!」という研修では、そのワザを1人ずつ、みんなに伝授してもらう。30分ぐらいのミニ講座がいいだろう。

これ、若手のスキルアップに非常に有効だと思う。

また、その人の特技が認められ、職場の人間関係も良くなるのではないか。

いつかぜひ実現してみたいアイデアである。

教師は「教えたくないこと」まで教えてしまっている

山口県も大量採用の時代に入ってきた。私の職場にも毎年、初任者が入ってくる。

我々40代は、職場ではずっと下っ端だった。それが、一気に上の立場に成り上がった感じだ。今まで下っ端だった私は、正直、後輩の扱いに慣れていない。それでも、若手はどんどん職場に増えてくる。

ここでは、若手の扱いについて少し述べてみようと思う。私自身の若手扱いについて、自戒の念も込めてである。

私は、学校全体や学年全体の指導をすることが多い。そんな時、他の教師は一切口を挟まない。

万が一、口を挟む教師がいれば、私は「後にしてください」と言うだろう。

私の指導はテンポが命である。テンポを崩されるのは、ものすごく嫌だ。これは誰しも同じだと思う。

それなのに、学年全体を指導している途中で、口を挟む教師がいる。特に若手が前に出て指導している時に多い。

そうすると、子どもたちは思うだろう。

「あの先生は信用されていないな」

と。そして、

「あの先生の指導はたいしたことないんだ」

と学習してしまう。そして、その若手教師の言うことは聞かなくなってしまう。

いや、前に立った若手教師だけではない。途中で口を挟んだり、相談したりする行為は、打ち合わせ不足の印象を与える。仲の悪い印象を与える。頼りない印象を与える。段取りの悪さにイライラする子さえいるだろう。

こんなことをくり返していたら、子どもたちは、その学年集団の教師全員の言うことを聞かなくなる。

では、どうすればいいのか?

若手にいったん全体指導を任せたのだから、途中で口を挟むべきではない

のだ。口を挟みたくなることは予測して、事前に若手に伝えておく。または若手を指導したいことが出てきたら、放課後などに教えてあげればよい。また、

そもそも、そんなに信用がないなら、最初から若手を前に立たせなければよい

のである。若手教師を前に出しておきながら口を挟み続けると、子どもたちはその教師の言うことを聞かなくなる。そうなっても仕方ない。

「この先生はたいした指導をしていない」

と教師が教えてしまったのだ。我々ベテランが若手教師を追い込むことになってしまったのだ。

教師は「教えたがり」である。でも「教えたくない」ことまで教えてしまっていること

に気づかないといけない。

これは授業中でも同じである。最近私は、T2の立場で初任者の授業に入る機会が多い。そんな時は、できるだけ口を挟まないようにしている。

子どもたちに「この先生の授業はたいしたことないな」「この先生は中村先生がいないと何にもできないな」なんて思わせないためである。「この先生はダメだ」と教えてしまわないようにするためである。

私は授業者の責任で授業をさせる。成功しても、失敗しても、自分のせい。責任を持たせないと、教室のリーダーとして成長できないからだ。

その代わり、授業の度に、放課後コメントしている。厳しいコメントも多いが、若手に何か残せていたら嬉しい。

私も若手を育てる歳になってしまったのだと、つくづく感じる。自分のことだけ考えている訳にはいかない。

これからも、若手がどんどん増えてくる。職場は、どんどん若返っていくだろう。

職員室で、どう若手を育てていくか？　しっかり考えないといけない。そのための「戦略」も必要なのだ。

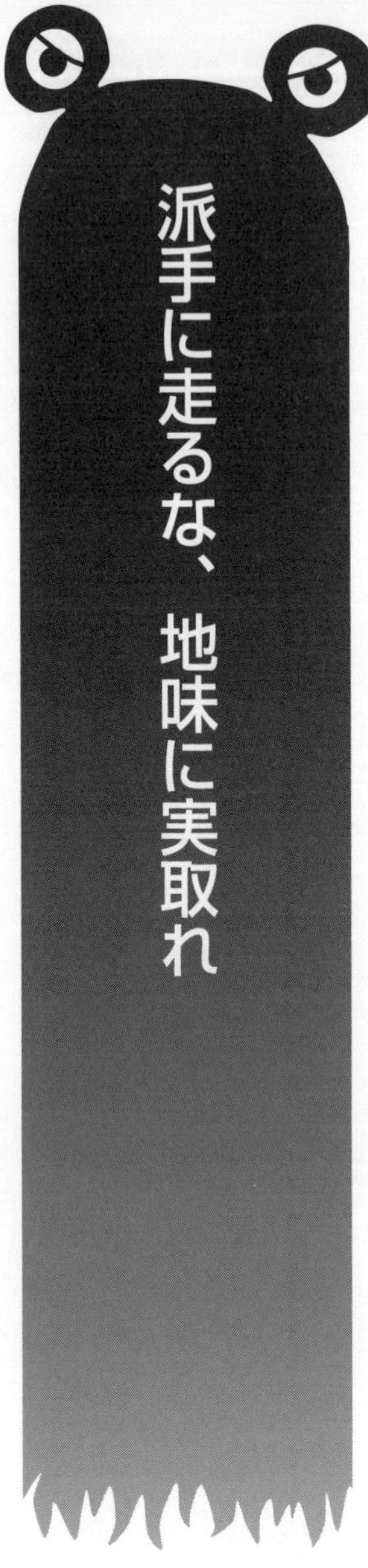

派手に走るな、地味に実取れ

私は新しい学校に行っても、すぐに高学年を担任させられることが多い。

前作『ブラック学級づくり』にも書いたが、この学校づくりの「策略」は大きく間違っている。新しく来た教師を高学年の担任にするなんて、リスクが高すぎる。ましてやいきなり6年生担任なんて、最悪だ。いきなり6年生を担任した力のあるベテランが学級崩壊という悲劇に出合い、傷つく姿を何人も見てきた。

全国の校長先生にお願いする。新しく来た教師を高学年、ましてや6年生の担任にするなんて無茶は止めて欲しい。教職員全員が1年間を生き抜ける「策略」を巡らせて学校運営をして欲しい。

それでも、それぞれの学校に事情というものがあるのだろう。私は、高学年担任にされることが多い。そして、同時に、体育主任にされることが多い。

私が体育主任になって、1年目はどうするか？　たとえば、一番メインの運動会である。

私は、前の体育主任から引き継いだ通りに提案する。そして、職員会議でみんなの意見を聞き、そこで決められた通りに運営する。


1年目は自分の意見を一切言わない。自分の意見は一切入れない。自分の意見の入る余地はない。


前に述べた通り「新しい学校での1年目は、とにかく黙って、その学校のやり方に慣れようとすることが大切である」と考えているからだ。

では、2年目はどうするか？　1年目の内に、運動会の反省を受けて、職員会議で修正点を話し合っておく。

2年目は、前年度に決められた修正点を反映させて計画をつくり、提案する。新年度の新しいメンバーでその提案を検討してもらい、そこで決められた通りに運営する。

私は自分の意見をほとんど言わない。主任は調整役だと思っているからだ。

自分が強烈なリーダーシップをとって変更し、それが失敗したらどうするのか？私は責任を取るのが嫌だ。それなら、

みんなで話し合い、みんなで決めた通りに動いて、みんなの責任にすればよい。

たまに自分の意見を言う時もあるが、私は大きな変革を好まない。小さな部分を変えていく。マイナーチェンジをして、より良いものに変えていくイメージである。これは、私が主任として仕切る場合だけではない。職員会議で他のことに意見を言う時も同じである。

大きな提案はしない。小さな提案を積み重ねることが大切であると思う。

教師には、保守的な人が多い。公務員という職業を選んでいることからも、保守的なのは明らかだろう。教師は、基本的に変えること、変わることを望んでいない。

また、我々ベテランは、1つ大きな変更をすると、他の様々なことに影響を与えるのを知っている。たとえば、卒業式について大きな変更をしたとする。その変更が与える影響は、卒業式だけに限らない。間違いなく、他の行事などに影響を与えるのだ。

それなのに、若手は大きな提案をしたがる。他のことへの影響を全く考えていないからだろう。

提案すべきは、大きな変更でなく小さな変更だ。大きな変更をしなくても、少しの変更でより良くなる提案をするべきである。

この小さな提案が認められ、実際により良くなれば、信頼が厚くなっていく。

そして、こういう小さな実績が積み重なっていけば、大きな提案も受け入れてもらえるようになる。

自分のフンドシで相撲は取るな！

北海道の大実践家・山田洋一氏と一緒に京都で講座を持ったことがある。

山田氏と私は、実は1歳違い。昔から、私の師匠・上條晴夫氏の編著などで一緒に仕事をしてきた仲だ。ある程度は、山田氏のことを知っていたつもりだ。

それでも、「生」山田洋一氏には驚いた。私より1歳年上なだけなのに、大きな差を感じる。ものすごい力量を持った方だ。

そんな山田氏だが、私が北海道に行った時には「ＫＵＭＡ」というロゴと熊の絵の入ったくだらないＴシャツ（「ＰＵＭＡ」プーマのパクリ）をくださった。さすが「お笑い教師同盟」。茶目っ気のある男である。

一緒に行った講座の最後に、Ｑ＆Ａのコーナーがあった。そこで、山田氏がされた話に、私は強烈なインパクトを受けた。

山田氏の勤務校では、宿題を学校で決めているそうだ。

昔から宿題は、担任の裁量で出されてきた。少なくとも、私はそういう認識を持っていた。だから、山田氏の話は衝撃的だった。

理由を聞いてみて、「なるほど！」と思った。

初任者は、自分の「権威」で宿題を決められない。「私がこう決めました」なんて言っても、誰も納得しない。もともと担任の「権威」なんてないのだから、保護者や子どもからクレームが来る。

それなら、学校の「権威」で宿題を決めようということだ。初任者でも「学校でこう決まってます」と言えば、保護者も子どもも納得するだろう。

いや、納得しない保護者も子どももいるかも知れない。それでも、不満の矛先は担任には向かない。

苦情の矛先だって、担任に向かない。だって、決めているのは学校なのだ。担任に苦情を言ったところで、どうにもならない。苦情の窓口になることはあるだろう。しかし、直接担任批判にならないだけ、ずいぶんマシである。

この話を聞いて、時代もここまで来たんだなあと思った。

と同時に、この話、初任者に限らないなと思った。我々ベテラン教師も、自分の「権威」だけで宿題を出せる時代は終わったのだと思う。

また、これ、宿題に限らない。他の全ての事柄に当てはまる。


教師が自分の「権威」だけで物事を決め、子どもに押しつけられる時代は終わってしまったのだ。


「横並び」とか言う言葉には、どこか否定的なニュアンスが漂う。

しかし、積極的に「横並び」にすることが自分を守ることにつながる。

「横並び」にすれば、責任を逃れられるのだ。


自分一人で決め、自分一人の「権威」で子どもに押しつけ、自分一人で責任を背負い、自分一人で苦情も抱え込む。

こう書いてみると、大変なことがよく分かる。それなのに、我々教師は、ずっと全てを一人でやってきたのだ。これって、本当に大変なことである。

全部一人でやることに比べれば、「横並び」は随分楽である。


みんなで決め、みんなの「権威」で子どもに押しつけ、みんなで責任を背負い、みんなで苦情も抱え込む。


12ページでも述べたように教師と保護者の力の差は、圧倒的である。教師が「アリ」だとしたら、保護者は「ゾウ」。それほどの大きな力の差がある。

だから、弱い我々教師は「一人」ではなく「みんな」で力を合わせて、巨大な敵に対抗するしかない。保護者に対抗するしかない。

初任者は、特に「横並び」で身の安全を確保してもらうといい。オリジナリティを出すのはその後で十分だ。

「横並び」は自分を守ってくれるものだと考えるべきである。

飲み会は「仕事」だと思えば、我慢できる

私の名前は「健一」である。父・奉文、母・なつ枝が「健康が一番大事」という思いを持って名づけてくれた。

それなのに、私は胃腸が弱い。完全なる名前負けである。

そんな私だが、給食指導には、うるさい。

「準備は？―10分以内」「感謝の心で？―残菜0（ゼロ）」「時間内に？―完食する」の合言葉の元、「三冠王」を目指すようにがんばらせている。（前作『ブラック学級づくり』152ページ「『当たり前』のことを『当たり前』にさせればそれでよい」参照）

問題は「感謝の心で？―残菜0（ゼロ）」である。胃腸の弱い私は、「残菜0（ゼロ）」に協力できない。給食をほとんど食べないからだ。

そこで、最初の給食の時に、

「先生は胃腸が悪いので、給食はほとんど食べられません。お医者さんからも止められています。だけど、君たちは給食も勉強だからね。『感謝の心で？――残菜0（ゼロ）』できちんと食べてもらいます」

と言っておく。

ポイントは「最初の給食の時に」である。ここできちんと説明しておかないと、「なんで先生だけ」と反発する子が出てくるかも知れない。

だから、子どもたちが「良い子」である最初の内に、きちんと説明しておくことが大切なのだ。

そんな私だから、給食がない日は、お昼ご飯を食べない。「健一」という名前に負けているのだから、お腹がすくことはない。

それでも、4月の最初、新しい学年になった時は、同学年のメンバーと一緒にお昼ご飯を食べに行く。

これも、「仕事」だと思うからだ。

一緒にお昼ご飯を食べに行った時、いろいろな話ができる。学校の話だけでない。くだらない話もできる。

そうして仲良くなっておいた方が、学年の仕事はスムーズに進む。仕事をスムーズに進めるためなら、お昼ご飯を一緒に食べに行った方がいい。

これも「予防」というか「先行投資」である。


同学年のメンバーでお昼を食べに行くと、時間は取られる。お金もかかる。

でも、後々仕事がやりやすくなるのだから、喜んで「先行投資」する。

一緒にお昼を食べに行くことも「仕事」の内なのだ。


職場の飲み会もそうだ。私は新しい学校に行って1年目は積極的に参加する。

まあ、もともと飲み会は大好きなので、苦にはならない。それでも、私は週末、講座を持つことが多い。親友・土作彰氏や若手たちと、前夜祭から盛り上がった方が楽しいに決まってる。

職場の飲み会は金曜日に行われることが多い。どうしても講座の前夜祭と重なることが多いのだ。

そんな時、どうするか？

新しい学校に行って1年目の私は、職場の飲み会を優先する。職場のみんなと仲良くなっていた方が仕事がしやすくなるからだ。飲み会も「仕事」の内である。

2年目からは少しずつ土作氏たちとの飲み会を優先していく。こっちは「趣味」。まずは「仕事」を優先する。「仕事」が軌道に乗ってから、少しずつ「趣味」を優先する。当然と言えば、当然すぎる話だろう。

ちなみに、最近の若手の中には、飲み会が苦手な人も多い。それは仕方のないことだと思う。誰しも、好き嫌いはあるものだ。

しかし、飲み会は、「仕事」である。

仕事では、好き嫌いは言っていられない。嫌いなことでも、嫌なことでも、仕事ならするべきだ。というか、仕事なのだから、しないといけない。

飲み会が苦手な人は、楽しくないだろう。
しかし、「仕事」なのだと思えば我慢できる。
「仕事」なんて、もともとつまらないものだ。
そう思えば、腹も立たない。

それに、参加すれば、意外に楽しいかも知れない。少なくとも、職員室で仕事しているよりは、気分も楽ではないか。

飲み会は「仕事」である。後々仕事をスムーズに進めるための「先行投資」だと思って、どんどん積極的に参加しよう。

飲み会に積極的に参加する若手を先輩たちはかわいがってくれるはずである。そうすれば、どんどん仕事がしやすくなる。

飲み会の「幹事」は教師修業

飲み会について述べている。教育書に飲み会の話が出てくること自体、珍しいかも知れない。でも、私はとっても大切なことだと思っている。

私には『つなげる』がタイトルにつく著作が2冊ある。『つなげる』は、これからの教育の大事なキーワードの1つだと思っているからだ。

『つなげる』と言っても、難しいことではない。『つなげる』のベースは、コミュニケーション。つまりは、おしゃべり。みんなでしっかり話せば、仲良くなれる。これは、職員室も同じである。

しかし、現場は忙しい。なかなか同僚とバカ話をする時間はない。

どうしても、仕事の話を優先する。そして、仕事の話だけで終わってしまうことも多い。

そこで、飲み会である。飲み会は、コミュニケーションを促す有効なアイテムだ。仕事場を離れた非日常の空間でおしゃべりができる。しかも、アルコールなんて、口を滑らかにしてくれる魔法の液体もある。

「仕事」を円滑に進めるためのツールとして飲み会をうまく利用できるようになると最高だ（その時には、若手も「俺もおっさんになったなあ」と思うだろうが・笑）。

飲み会に参加する以上に、オススメなのが、幹事を引き受けることだ。

飲み会の幹事と教師の仕事は、とってもよく似ているからである。

我々教師の仕事は、お客さんである子どもや保護者を喜ばせることだ。「喜ばせる」と言っても、ただ笑わせておけば良いという訳ではない。いつも笑わせているだけの教師は、信用されない。不安になる子どもや保護者さえいるだろう。

「喜ばせる」ためには、厳しい指導で、子どもたちを成長させることも必要だ。もちろん、学力を保障することも必要だし、子どもたちができるようになりたいと思っている逆上がりなども、できるようにしてあげないといけない。

要は、お客さんを満足させられるかどうかである。「満足させる」ということが「喜ばせる」ことなのだ。

飲み会の幹事も、同じである。お客さんである同僚たちをどうすれば、「喜ばせる」ことができるか？　「満足させる」ことができるか？　考えないといけない。

そして、それを具体的な企画にする必要がある。「時間は？」「場所は？」「予算は？」「料理は？」「席は？」など、参加者のニーズに合わせた企画を立てなければ「喜ばせる」そして「満足させる」ことはできない。

これ、学級づくりや授業づくりに非常に似ている。

幹事を引き受け、飲み会を企画し、みんなを「喜ばせる」ために「満足させる」ためにがんばる。そんな経験は、教師修業に絶対に役立つ。

飲み会の幹事以上に教師修業になるのが、セミナーを開くことである。

セミナーの事務局と教師の仕事は、とってもよく似ている

からである。

参加者のニーズを考え、「いつ？」「どこで？」「どんな内容で？」「講師に誰を呼んで？」「参加費はいくらで？」などと具体的に企画する。

しかも、参加者は、同僚と違って、他人。仲間内ではない。他人を「喜ばせる」そして「満足させる」ことは、非常に難しい。

セミナーの事務局を引き受けると、本当に大変だ。しかし、人は大変な分だけ確実に成長できる。

ちなみに、セミナーを企画するためにオススメなのが親友・土作彰氏の著書『若手教師のための力量アップ術―仲間をつくり、学び合う』（日本標準）である。

この本には、セミナーを企画するための具体的なノウハウが書かれている。超マニアックな読者をターゲットにした本だ。

この本がメジャーになれば、日本の教育界の未来は明るいのになあと本気で思う。

「人を喜ばせる」そして「満足させる」。そういう意味では、教師と飲み会の幹事、セミナーの事務局はとってもよく似ている。

幹事や事務局を積極的に引き受け、教師力をアップさせよう。

「職員会議で意見を通そう」なんて思いは捨てよ

「職員会議で、自分の意見を通したい。」

若い頃は、そんな思いを持つものかも知れない。若手と飲み会で話していると、そんな声もよく聞く。

若い私も、そうだったかも知れない。でも、そんな熱い思いは、遠い昔に捨ててしまった。

学級崩壊して、死ぬほど辛い思いをする教師がいる。

保護者から責められて、死ぬほど辛い思いをする教師がいる。

そんな教師たちに比べたら、職員会議で自分の意見を通したいなんて悩みは、どうでもいいことのように思えてくる。ちっぽけなことだと思えてくる。

職員会議で提案を通すなんて、どうでもいいことではないか。自分の提案が通らなくても、全く困ることはない。

また、「自分の提案を通したい」なんてギラギラした気持ちを持っている間は、提案が通らないと思った方がいい。「何としてでも」なんて構えで提案すると、反発を食うに決まっている。

そんな意気込みで意見を言うと、どうしても挑発的になる。挑発的な物言いは、敵をつくるだけである。

「自分の意見だけが正しい訳じゃないから、通らなくても仕方ないか」

そんな謙虚な気持ちで意見を言うといい。そうすれば肩の力は抜けるし、物言いも柔らかくなる。味方になってくださる方も多いだろう。

私は「教室ディベート連盟」に参加していた。ディベートを経験すると、考えが広くなる。世の中にはいろんな正論が存在することが分かるからだ。

「ああ言えば上祐」（古っ！）なんて非難されたこともあるが、ディベートをすると、考えが広くなる。話す力、聞く力をつけることを始め、ディベートには、様々な効用がある。

しかし、私が授業でディベートを行う一番の理由は、考えが広くなるからだ。

ディベートをすれば、子どもたちにも「自分より他の人の意見の方が正しいかもな」なんて謙虚さを持たせることができる。

私は職員会議では、基本、戦わない。反対意見を受ければ、すぐに降りてしまう。

戦わないのだから、負けることがない。

また、戦わないのだから、勝つこともない。勝ってしまうことも危険だ。負けた相手はうらみに思い、反逆を食う可能性があるからだ。

職員会議では、勝っても負けても、戦っていいことは何一つない。戦わないのが、一番である。

いずれにせよ、どんな手を使ってでも、「職員会議で意見を通そう」なんてことは思わないことだ。

それが人間関係を崩さず、良い職員室をつくることにつながる。

意見を通したければ、職員室での地位を上げよ

職員会議の話を続けよう。そもそも職員会議は「どの意見が正しいのか？」正論を競う場ではない。

「何を言うか？」は、ほとんど関係ない。
「誰が言うか？」で決まっていることが多いのだ。

つまり、職員会議で意見を通したければ、職員室での地位を向上させるのが一番だということである。

そのために、どうするか？　仕事をどんどん引き受けるに限る。これしかない。

前年度に学級崩壊したような大変なクラスがあれば、進んで引き受ける。大変な校務分掌があれば、進んで引き受ける。研究授業や全体指導も、進んで引き受ける。

女性が重たい物を持っていたら、進んで持ってあげる。女性がドアの所で一緒になったら、ドアを開けて先に通してあげる。

そんなことをしていれば、職員室での地位は上がるだろう。そして、職員会議で意見も通りやすくなる。

まあ、職員会議で意見を通すことよりは、もっと大切なことがある。それは、教師として成長することだ。

仕事を進んで引き受ける癖をつけておくと、教師として大きく成長できる。特に不得手なことこそ、積極的に引き受ける癖をつけておくと良い。

不得手を引き受けてがんばると、不得手が1つ消える可能性がある。うまくいくと、特技になってしまうことさえある。

たとえば、私は黎明書房からたくさんの依頼を受けて、本を作らせていただいた。

しかし、実は、依頼の中には、私の不得手の分野も多い。拙著『楽しく学べる川柳&俳句づくりワークシート』（黎明書房）がまさにそうだ。私自身が俳句をつくった経験はなかった。また、こだわって子どもたちに俳句をつくらせた経験もなかった。

しかし、引き受けた以上は、がんばるしかない。20冊以上の本を買い込み、俳句のつくらせ方を学んだ。また、依頼をくださった黎明書房の社長・武馬久仁裕氏は、何冊も句集を出されている俳人だった。武馬氏から指導を受け、たくさんのことを学んだ。お陰で、俳句はこうやってつくらせたらいいということが良く分かった。今では俳句づくりの指導は、私の特技の1つである。

若い頃は失敗してもいいので、不得手な分野こそ引き受けて欲しい。研究授業でも、校務分掌でも、何でもだ。若い内にいろいろ引き受けて、得意分野を増やすといい。

職員会議で意見を通すなんて理由でなく、自分を成長させるためにいろいろな仕事を引き受けよう。

そうすれば、結局、職員室での立場は強くなり、職員会議で意見も通りやすくなるはずだ。

自身を組織の「歯車」と自覚せよ

職員会議では、多くの議論が行われる。もちろん、提案の内容について意見が交わされることも多い。

内容についての議論は、健全だ。議論することで、提案の質を高めることができる。そして、よりよい実践につながる。

しかし、私の経験上、実は「手続き論」で勝負がついていることが多い。

たとえば、提案すべき人間が提案していない場合がある。全く関係のない校務分掌の人間が提案しているのだ。

その場合は、当然、

「なぜ、あなたが提案するのか？」

と反対意見を受けることになる。

変えたい！と思っていることが自分の校務分掌でなければ、事前にその担当の教師にお願いして提案してもらうことが必要だ。

いずれにせよ、教師は学校という組織の一部である。
自分は、組織の「歯車」の1つだと自覚する必要がある。

誰しも、学校での立場というものがある。

たとえば、今の私で言えば、「6年生担任」という立場がある。「体育主任」という立場がある。「保健主任」という立場がある。

その立場をわきまえなければならない。職員会議では、

個人の立場から、提案するのではない。
学校での立場から、提案しなければならない

のである。

また、他の「手続き論」で勝負がついてしまうことも多い。

たとえば、提案するタイミングである。タイミングを間違えてしまうと、

「この提案は、前の職員会議でするべきものではないか。今言われても遅すぎる」

という反論を受けてしまう。

こう言われてしまえば、反論の余地はない。そして、提案者の信用はなくなっていく。

また、一度決まったことを覆そうとがんばる人もいる。その場合は、

「この提案については、○月○日の職員会議でこう決まっているはずですが」

と言われてしまう。

こう言われてしまえば、反論の余地はない。そして、提案者の信用はなくなっていく。

若手は、特に「手続き論」で失敗してしまうことが多い。信用をなくさないためにも、周りにしっかり相談してから提案することが大切である。

「根回し」が勝負の9割を決める

口を酸っぱくして言っておく。

職員会議で戦うべきではない。

そんなエネルギーがあるなら、子どもたちのために使った方がいい。保護者のために使った方がいい。

そもそも、今時の教師は、子どもたちとの戦いでヘトヘトである。保護者との戦いでヘトヘトである。

その上、職員室で戦うだけの体力は、残っていない。だから、最近の職員室は議論することがなくなった。ケンカすることがなくなった。最近の職員室は、本当に仲が良い。

「職員会議で戦うべきではない」と言っても、若い内は、自分の提案を通したいものかも知れない。そんなチャレンジャーのために、職員会議で提案を通すためのノウハウをいくつか述べていく。

まずは、今まで述べた3つのことは意識すると良い。

・「自分の提案を通したい」なんて、ギラギラした気持ちは捨てる。
・「何を言うか?」ではなく「誰が言うか?」だと心得る。
・「手続き論」を何よりも大事にする。

4つ目は、影響力のある同僚に相談しておくことだ。つまり、根回し。

職員室には、大きな影響力を持った教師がいる。
当然、その人は味方につけておかなければならない。

提案をする前には、その人にしっかり相談しておく。できれば2人きりがいい。自分にだけ相談されれば、人間嬉しいもの。頼られている感じがするからだ。

その人からアドバイスをもらえれば、それを受け入れて提案する。

アドバイスには、あなたの意に沿わないものもあるだろう。しかし、提案を通すためなら、そこは我慢。自分の提案を通したいなら、小さな部分には目をつぶる。大きく見て得を取ることが大切である。

だから、アドバイスは、気持ちよく受け入れる。いや、「気持ちよく」というフリをする。そうすれば、その人も味方になってくれるはずだ。

また、職員会議でよく反対意見を言う人もいる。当然、その人にも事前に相談し、味方につけておく必要がある。

5つ目は、勝てない勝負はしないことだ。

明らかに勝てない勝負を挑もうとする人がいる。正直、無駄だなあと思う。

職員会議で少数派になりそうな提案はしない。
提案するのは、多数の賛同が得られそうな時だけにする。

また、提案した後でも、勝てそうにないなと思えば、いさぎよく降りることも必要だ。結論の見えている話を延々と続けることを誰も望んではいない。教師はみんな忙しいのだ。それなのに決着がついても、まだ意見を言い続ける人がいる。他のメンバーが「もうやめて欲しいな。時間の無駄だ」と思っているのは明らかだ。

負けを自覚したら、議論からサッサと降りよう。

せっかくの提案をつぶしてしまえば、「悪いな」と思うのが人情である。次に提案した時には、「この前は提案をつぶしてしまって悪かったから、このぐらいの提案なら賛成に回ろうか」なんて思ってくださるものだ。

「貸しイチ」ぐらいの気でいさぎよく提案を取り下げることも必要である。

まあ、いずれにせよ、職員室の人間関係が壊れない程度にがんばることだ。

職員室は、疲れ切った戦士たちの最後の「憩いのオアシス」として取っておきたい。

人のせいにすれば、病なし

数年前、ものすごい力を持った教師と同じ職場になったことがある。

彼女は、とにかくすごかった。毎年、学級崩壊を起こしていた。私が一緒に勤務していた間の学級崩壊率は１００％。見事にパーフェクト達成である。

それ以外の時期は知らないが、かなりの確率で崩壊していたと予測できる。彼女の様子から、かなり学級崩壊に慣れているのが感じられたからだ。

しかし、それ以上に彼女がすごいのは、その明るさだ。職員室での振る舞いを見ていると、学級崩壊しているクラスの担任だなんて、とても思えない。よくしゃべり、よく笑う。

また、風邪一つひかない。とっても健康だ。もちろん、学校を休むなんてことはない。

彼女は、毎日元気に働き続けていた。

なんでこんなに元気で明るいんだろう？　不思議に思っていたが、彼女の話を聞いていて、よく分かった。

彼女は、自分が悪いとは全く思っていない。悪いのは全て、子どもであり、保護者であり、世の中なのだ。

だから彼女は傷つくこともなく、明るく元気に働き続けられる。すごいことだ。

最初に彼女は「ものすごい力を持った教師」だと書いた。これ、全く嫌みでも何でもない。

私は、純粋に、彼女に学ぶべきだと思っている。

人のせいにすれば、病気にならなくて済むのだ。
辞めなくて済むのだ。

教師は、真面目な人が多い。真面目だから教師になったと言っても良い。

だから、学級崩壊してしまったら、自分を責めてしまう。そんな人ばかりだ。

そして、心を壊す。体を壊す。辞めてしまう人だっている。自殺してしまう人だっている。


学級崩壊しても、悪いのは自分（教師）ではない。学級崩壊を起こすような子どもが悪いのだ。保護者が悪いのだ。世の中が悪いのだ。

少しはそうやって、人のせいにしてみよう。


そうすれば、少しは心が軽くなるのではないか。

また、彼女がずっと元気でいられたのは、周りにいた同僚の力も大きい。同僚たちは、人のせいにばかりする彼女の発言を一切とがめなかった。

それどころか、「うん、うん」とうなずき、「そうだよねえ」と共感的に聞いてあげた。

誰か一人でも学級崩壊を彼女の力量のせいにしていたら、彼女だって、きっと心が折れていたはずだ。

彼女が元気で居続けられたのは、職員室の力が大きいと思う。

学級崩壊は「運」である。私だって、十二分に学級崩壊を起こす可能性がある。

人間誰しも、相性というものがある。もし私がものすごく相性の悪い子の担任になってしまったら。もし私がものすごく相性の悪い保護者の担任になってしまったら。そして、その子、その保護者が、ものすごく影響力のある人間だったら。

私のクラスだって、一瞬で崩壊してしまうのだ。

もちろん、教師の努力で学級崩壊に当たってしまう「運」の確率は下げられると思っている。また、そう思っていないとやってられない。

しかし、いくら「運」の確率を下げたところで、学級崩壊の確率は0（ゼロ）ではない。学級崩壊してしまう可能性は誰にだってあるのだ。

「運」悪く学級崩壊してしまっても、自分を責めてはならない。
人のせいにしてでも、生き残れ。
教師として1年間生き残りさえすれば、次の年は楽勝に感じられるはずだ。
とにかく1年間をしのぎきり、生き残ることが大切なのだ。

これは、将来、学級崩壊に当たってしまった時の私自身へのメッセージでもある。

忙しいからじゃない「報われない」から辛いのだ

最後に蛇足を覚悟で、職員室を代表して意見を書く。

私は「全ての教師の味方だ」と、いろいろな著書で公言している。だから、私に言わせてくれ。いや、俺に言わせろ。

教師は真面目で誠実だ。誠実だから、教師になったのだ。それを恥じる必要は全くない。

よく、「教師は真面目すぎるので、世の中と同じぐらいの割合で、教師の中にも悪いヤツを入れろ」という訳の分からない意見を聞く。

真面目で何が悪い。真面目なのは、教師の特性の1つである。

真面目でない教師に子どもたちを任せられるか。無理だ。真面目であることは、教師の最低限度の条件である。真面目でない人間に教師は絶対に務まらない。

それでも「世の中と同じぐらいの割合で、悪いヤツを入れろ」と言うなら、学校に少なくとも1人は、前科のある方を入れるべきなのか。市に1人は、殺人歴のある方を入れるべきなのか。

そんな危ない方々に学級は任せられない。子どもたちは任せられない。

「真面目だから教師になっているのだ。」
我々は、自信を持って、そう答えれば良いのだ。

心を痛めて、休職する教師が増えている。辞める教師が増えている。

それを取り上げてくださるマスコミも多い。有り難いことである。

マスコミは、基本的に権力を批判するために存在する。それは、否定しない。若い頃、左よりの思想を持っていた私にはよく分かる。マスコミは、国の政策に従わなければならない我々教師のチェック機能として存在すべきである。

それなのに、我々教師の味方をしてくださるマスコミも多い。本当に有り難いことだと心から思う。

しかし、マスコミの方々は、我々教師の「性（さが）」をよく分かっていらっしゃらないようだ。

教師が自殺したり、休職者数が増加したりすると、すぐに労働時間などが問題にされる。

確かに教師の仕事は忙しい。

しかし、私は、そんなことは問題ではないと思っている。

教師が心を痛める原因は何か？　それは、「報われない」からである。

どんな仕事でも、辛いことはある。忙しくて、睡眠時間も満足に取れないことがあるだろう。

仕事は、厳しいものである。それは仕方ない。

それでも、その努力が報われれば、人間、がんばれるのだ。どんなに忙しかろうが、徹夜が続こうが、報われている限りはがんばれる。

我々教師は、真面目なのだ。良心的なのだ。子どもたちの笑顔を見て、やりがいさえ感じられれば、「教師になって良かった」と思える。どんなに仕事が忙しくても、体がきつくても、「がんばって良かったな」と思える。

それなのに、今時の教師は「報われない」。がんばっただけの見返りがない。

見返りとは、現金ではない。子どもたちの笑顔、保護者の笑顔、つまりは「先生のお陰で」と言われることが少なすぎる。

いや、逆に一生懸命やったことが「仇」となって返ってくることさえある。がんばりが裏目に出ることが実に多いのだ。

これでは、我々教師は「報われない」。がんばれない。

教師という仕事の本来の喜びは、子どもの成長である。

かけ算九九ができるようになった。25m初めて泳げた。掃除を真面目にがんばるようになった。……などなど。

子どもを成長させることができると、ものすごく嬉しい。

そして、自分の成長を実感した時の子どもたちの笑顔を見ると、さらに嬉しい。

これが、教師という人種の「性」である。そのためなら、どんなに大変でもがんばれる。

我々教師が辛いのは、忙しいからではない。「報われない」から辛いのだ。

今、必要なのは、教師が報われることである。

【著者紹介】

中村　健一（なかむら　けんいち）

1970年，父・奉文，母・なつ枝の長男として生まれる。
名前の由来は，健康第一。名前負けして胃腸が弱い。
酒税における高額納税者である。
キャッチコピーは「日本一のお笑い教師」。「笑い」と「フォロー」をいかした教育実践を行っている。しかし，前書でその真の姿，「腹黒」をカミングアウト。

【主要著書】

『策略―ブラック学級づくり　子どもの心を奪う！クラス担任術』（明治図書）
『子どもも先生も思いっきり笑える73のネタ大放出！』（黎明書房）
『担任必携！学級づくり作戦ノート』（黎明書房）

策略プレミアム―ブラック保護者・職員室対応術

2016年３月初版第１刷刊
2022年１月初版第８刷刊

©著　者　中　村　健　一
発行者　藤　原　光　政
発行所　明治図書出版株式会社
http://www.meijitosho.co.jp
（企画）佐藤智恵（校正）川村・山田
〒114-0023　東京都北区滝野川7-46-1
振替00160-5-151318　電話03(5907)6703
ご注文窓口　電話03(5907)6668

＊検印省略

組版所　株式会社アイデスク

Printed in Japan　ISBN978-4-18-220026-7

日本一元気が出ちゃうＬＩＶＥ

最強の４人に学ぶ
愉快・痛快・おもしろい！
子どもと先生が心底笑える
クラスづくり

【1086・A5判・2000円+税】

金 大 竜・中村健一・土作　彰・俵原正仁 著

笑顔のあるクラスは絶対に学級崩壊しない！

笑顔は教室を楽しく魅力的なものにします。心底笑って学べば元気になります。学級づくりのプロ４人が行ったＬＩＶＥセミナーを再現、臨場感いっぱいにまとめました。

もくじ

策略　ブラック 学級づくり
子どもの心を奪う！クラス担任術

【1800・四六判・1700円+税】

中村健一 著

熱意だけでクラスはまわせない、策略という武器をもて！

学級担任は一国を預かる内閣総理大臣のようなもの。総理を「感情」に任せて国を治める危ない人間に任せたりはしないだろう。「感情」を排し「策略」をめぐらせ学級をつくるべきだ！

子どもを魅了してやまない日本一のお笑い教師がその腹黒さをあらわに極意を諭す。

もくじ

明治図書　携帯・スマートフォンからは **明治図書 ONLINE へ** 書籍の検索、注文ができます。▶▶▶
http://www.meijitosho.co.jp　＊併記４桁の図書番号（英数字）でHP、携帯での検索・注文が簡単に行えます。
〒114－0023　東京都北区滝野川７－46－１　ご注文窓口　TEL 03－5907－6668　FAX 050－3156－2790

＊価格は全て本体価表示です。